1회	
	• 풀이 전 수정이 필요한 문제 : 문 16(나머지 문제는 풀이 후 채점 시 확인)	
문제 no.	수정 전	수정 후
3	답 ① 흰잎마름병, 줄무늬잎마름병, ~~벼멸구~~, 도열병, 깨씨무늬병, ~~먹노린재~~, 세균성벼알마름병	① 흰잎마름병, 줄무늬잎마름병, 도열병, 깨씨무늬병, 세균성벼알마름병
5	문제] ~~적과전 종합위험보장 Ⅱ, 종합위험 수확감소보장 과수, 종합위험 및 수확 전 종합위험 과실손해보장~~ 품목의	종합위험보장 과수 품목의
8	문제] 물음 1) 단, 보정계수는 소수점 첫째 자리에서 반올림해 정수 단위로 한다.	물음 1) 단, 보정계수 및 평년수확량(kg)은 소수점 첫째 자리에서 반올림해 정수 단위로 한다.
16	문제] ○ 피해구성조사 (태풍 피해 발생)	○ 피해구성조사 (태풍 피해 발생) **미보상비율 10%, 수확기 가격 9,000원**

	2회	
	• 풀이 전 수정이 필요한 문제 : 없음 (풀이 후 채점 시 확인)	
문제 no.	수정 전	수정 후
17	답 2. ~~10,000,000~~×0.4 = 4,000,000원 3. ③ 표본구간 ㎡당 수확량 =... %	2. 20,000,000×0.4 = 8,000,000원 3. ③ 표본구간 ㎡당 수확량 =...g

	5회	
	• 풀이 전 수정이 필요한 문제 : 문 8 (나머지 문제는 풀이 후 채점 시 확인)	
문제 no.	수정 전	수정 후
3	문제] (단, 가축재배보험 중 축사부문은 제외한다.)	(단, 가축재해보험 중 축사부문은 제외한다.)
8	문제] 물음 2) 급성고창증으로 인한 폐사	질병으로 인한 폐사

2025년도 제11회
손해평가사 2차 국가자격시험

1회

교시	시험시간	시험과목
1교시	120분	① 농작물재해보험 및 가축재해보험의 이론과 실무 ② 농작물재해보험 및 가축재해보험 손해평가의 이론과 실무

수험번호		성명	

수험자 유의사항

1. **시험문제지 표지**와 시험문제지의 **총면수, 문제번호 일련순서, 인쇄상태** 등을 확인하시고, 문제지 표지에 수험번호와 성명을 기재하시기 바랍니다.
2. 수험자 인적사항 및 답안지 등 작성은 **반드시 검정색 필기구만을 계속 사용하여야 합니다. (그 외 연필류, 유색필기구, 2가지 이상 색 혼합사용 등으로 작성한 해당 답안은 0점 처리**됩니다.)
3. 문제번호 순서에 관계없이 답안 작성이 가능하나, **반드시 문제번호 및 문제를 기재**(긴 경우 요약기재 가능)하고 해당 답안을 기재하여야 합니다.
4. 답안 정정 시에는 **두 줄(=)을 긋고 다시 기재**하거나 **수정테이프를 사용**하시기 바라며, 수정액을 사용하여 수정할 경우 채점상의 불이익을 받을 수 있으므로 사용하지 마시기 바랍니다.
5. **감독위원의 지시에 불응하거나 시험시간 종료 후 답안지를 제출하지 않을 경우 불이익이 발생할 수 있음을 알려 드립니다.**
6. 시험문제지는 시험 종료 후 가져가시기 바랍니다.

공통 유의사항

○ 계산문제는 반드시 계산과정, 답, 단위를 정확히 기재 <부분점수 없음>
○ 계산과정에서 임의적인 반올림 또는 절사 금지
○ 문제답안작성마다 답작성이 끝나면 "끝"이라고 기재할 것.
○ 전체답안작성이 끝나면 한 줄 띄고 "이하여백"이라 작성할 것.

※ 공통유의사항

○ 농업재해보험·손해평가의 이론과 실무를 기준으로 답안 작성

○ 계산문제는 반드시 계산과정, 답, 단위를 정확히 기재 <부분점수 없음>

○ 계산과정에서 임의적인 반올림 또는 절사 금지

농작물재해보험 및 가축재해보험의 이론과 실무

※ 다음 문제에 대해 답하시오. (1 ~ 5번 문제)

[문제 1] '위험'의 정의, 관련 개념 및 분류에 관한 다음 내용의 (   )를 알맞게 채우시오.
단, 「농업재해보험·손해평가의 요령」의 내용을 기준으로 한다. (5점))

○ (①   )의 기회, (①   )의 가능성, 불확실성, 실제 결과와 기대했던 결과와의 차이, 기대와는 다른 결과가 나올 확률 등이라고 할 수 있다.

○ (②   )는 사고 발생 가능성은 있으나 사고가 발생하지는 않은 단계이고 (③   )은 이러한 위험 상황에서 실제로 위험이 발생한 단계를 말하며, (④   )는 위험 사고가 발생한 결과 초래되는 가치의 감소 즉 (①   )을 의미한다.

○ 위험의 유형은 위험의 속성을 측정할 수 있는가 또는 (①   )의 기회나 이득의 기회가 존재하는가, 위험의 속성이 시간에 따라 변하는가, 그리고 위험이 미치는 범위가 얼마나 큰가에 따라 구분할 수 있다. 위험의 분류가 중요한 이유는 위험이 지니는 속성에 따라 (⑤   )이라는 사회적 장치를 통해 전가할 수 있는지를 판가름하기 때문이다.

[문제 2] 다음은 「농업재해보험·손해평가의 요령」에서 정하는 용어의 정의이다. (   )를 알맞게 채우시오. (5점)

○ 보험가액 : 재산보험에 있어 (①   )을 금전으로 평가한 금액으로 보험 목적에 발생할 수 있는 최대 손해액

○ (②   ) : 사고 현장에서의 잔존물의 해체비용, 청소비용 및 차에 싣는 비용. 다만, 보장하지 않는 위험으로 보험의 목적이 손해를 입거나 관계법령에 의하여 제거됨으로써 생긴 손해에 대해서는 미보상

○ (③   ) : 회사 및 재보험사업자가 손해평가반이 실시한 손해평가결과를 확인하기 위하여 손해평가를 실시한 보험목적물 중에서 일정 수를 임의 추출하여 확인하는 조사를 말한다.

○ 조사대상주수 : 실제결과나무수에서 고사나무수, 미보상나무수 및 수확완료나무수, 수확불능나무수를 뺀 나무 수로 과실에 대한 (④   )의 대상이 되는 나무 수를 의미

○ 발아 : (꽃 또는 잎) 눈의 인편이 (⑤   ) 정도 밀려 나오는 현상

[문제 3] 다음은 종합위험보장 논작물 벼 상품에서 보상하는 병해충 7종 중 하나에 관한 설명이다. 물음에 답하시오. (5점)

물음 1) 보상하는 병해충 7종 중 병해에 해당하는 것을 모두 쓰시오. (2점)

물음 2) 다음에서 설명하는 병해충을 쓰시오. (3점)

○ 매개충인 애멸구에 의하여 전염되는 바이러스병이다
○ 병징은 넓은 황색줄무늬 혹은 황화 증상이 나타나고, 잎이 도장하면서 뒤틀리거나 아래로 처진다.
○ 병에 걸리면 분얼경도 적어지고 출수되지 않으며, 출수되어도 기형 이삭을 형성하거나 불완전 출수가 많다.

[문제 4] 농작물재해보험 종합위험보장 수확감소보장 밭작물 품목 중 관수시설이 설치되어 있으면 방재시설 할인율을 적용하는 품목 5가지를 쓰시오. (5점)

[문제 5] 농작물재해보험 적과전 종합위험보장 Ⅱ, 종합위험 수확감소보장 과수, 종합위험 및 수확 전 종합위험 과실손해보장 품목의 보험기간이다. (　　　)에 들어갈 내용을 쓰시오. (5점)

보장	품목	대상 재해	보험기간	
			보장개시	보장종료
종합위험 수확감소 보장	호두	자연재해, 조수해, 화재	(　①　) 다만, (　①　)가 지난 경우에는 계약체결일 24시	수확기 종료 시점 다만, 판매개시연도 9월 30일을 초과할 수 없음
	이듬해에 맺은 유자 과실		계약체결일 24시	(　②　) 다만, 이듬해 10월 31일을 초과할 수 없음
종합위험 나무손해 보장(특약)	감귤 (만감류)		계약체결일 24시	이듬해 (　③　)
	복숭아		판매개시연도 12월 1일 다만, 12월 1일 이후 보험에 가입하는 경우에는 계약체결일 24시	이듬해 (　④　)
수확량 감소 추가보장 (특약)	감귤 (만감류)		계약체결일 24시	수확기 종료 시점 다만, 이듬해 (　⑤　)을 초과할 수 없음

※ 다음 서술형 문제에 대해 답하시오. (6 ~ 10번 문제)

[문제 6] 적과전 종합위험보장Ⅱ에 가입한 농지의 다음 조건 Ⅰ~Ⅳ를 바탕으로 물음에 답하시오. (평년착과량 및 보험금 산출 시 필요한 항목은 kg 단위로 소수점 첫째 자리에서 반올림해 정수 단위로 한다. ((例 123.5＝124kg)) (15점)

○ 조건 Ⅰ. 계약사항(가입년도 2025년)

품목	실제결과주수	가입가격	자기부담비율	가입 특별약관
사과 (7년생. 반밀식)	150주	6,000원/kg	20%	-

○ 조건 Ⅱ. 가입 이력 (단위. kg)

연도	2020	2021	2022	2023	2024
적과후착과량	-	-	2,200	2,760	1,140
평년착과량	-	-	2,800	3,636	4,576
순보험료	-	-	1,140,000원	1,480,000원	1,680,000원
지급보험금	-	-	착과감소보험금 240,000원	-	착과감소보험금 15,200,000원

○ 조건 Ⅲ. 표준수확량(단위. kg)

나무수령	2년생	3년생	4년생	5년생	6년생	7년생
일반	-	-	-	5,850	7,650	9,300
반밀식	-	-	2,850	4,050	5,100	6,000
밀식	-	1,350	2,100	2,700	3,300	3,750

○ 조건 Ⅳ. 2025년도 조사내용

- 보장하는 자연재해로 인한 피해사실 확인
- 적과후착과량 2,000kg
- 미보상감수량 없음

물음 1) 2025년도 가입을 위한 평년착과량을 산출하시오. (10점)

물음 2) 2025년 착과감소보험금을 구하시오. (5점)

[문제 7] 농작물재해보험 원예시설 손해보장에 가입한 다음 농업용 시설물의 조건 Ⅰ, Ⅱ를 참조
하여 물음에 답하시오. (보험료는 일원 단위 미만은 절사한다. (🖩 1,234.5원 = 1,234원))
(15점)

○ 조건 Ⅰ. 계약사항

	가입특별약관	지자체 지원율	보험기간
화재위험보장	화재대물배상책임보장 배상한도액 5억	40%	3월~6월. 4개월

	농업용 시설물	보험가입금액	보험료율
고정식 단동하우스	허용적설심 및 허용풍속 : 내재해형 설계기준 100%	30,000,000원	보통약관 영업요율 10% 보통약관 순보험료율 9% 화재위험보장 특별약관 보험료율 5%

○ 조건 Ⅱ. 대물인상계수(LOL계수) (단위. 백만원)

배상한도액	10	20	50	100	300	500
인상계수	1.00	1.56	2.58	3.45	4.70	5.23

물음 1) 농업용 시설물의 보험료를 구하시오. (5점)

물음 2) 화재대물배상책임보장 특별약관의 보험료를 구하시오. (단기요율은 화재위험보장 특별약관
과 동일하게 적용한다.) (5점)

물음 3) 계약기간을 7월까지로 1개월 연장하는 경우 연장 기간에 대한 농업용 시설물의 보험료를 구
하시오. (5점)

[문제 8] 다음은 농작물재해보험에 가입한 벼 품목에 관한 내용이다. 조건 Ⅰ~Ⅵ를 바탕으로 물음에 답하시오.(15점)

○ 조건 Ⅰ. 계약사항(2025년도)

품종	가입면적	가입비율	자기부담비율	재배방식	재배양식
중생종	3,000㎡	평년수확량 100%	선택 가능한 최저 비율	친환경재배 (유기재배)	기계이앙 (05.17)

보통약관 보험료율	친환경 재배 할증율	지자체 지원율	표준수확량
영업요율 10% 순보험료율 8%	10%	40%	1,350kg

○ 조건 Ⅱ. 과거 5년 순보험료 및 지급보험금   (단위. 원)

구분	2020	2021	2022	2023	2024
순보험료	미가입	210,000	200,000	190,000	210,000
지급보험금	미가입	400,000	300,000	-	-

○ 조건 Ⅲ. 손해율 및 가입연수에 따른 할인·할증률

손해율	평가기간				
	1년	2년	3년	4년	5년
60% 이상 80% 미만	-4%	-5%	-8%	-13%	-18%
80% 이상 120% 미만	-	-	-	-	-
120% 이상 150% 미만	3%	5%	7%	8%	13%

○ 조건 Ⅳ. 시군별 RPC 계약재배 수매가   (단위. 원/kg)

연도	2020	2021	2022	2023	2024
수매가	1,200	1,100	1,100	1,200	1,000

• 민간 RPC 지수 1.2

○조건 Ⅴ. 평년수확량 산출 자료 (기간 : 과거 5년, 단위 : kg)

2025년도 지역별 기준 수확량(기준수량)	과거평균수확량	과거수확량 산출연도 횟수	과거평균보정계수
1,700kg	1,878kg	4회	0.9

○ 조건 Ⅵ. 각종 보정계수

품종	재배양식	재배방식	이앙시기
조생종 0.9 중생종 1.0 만생종 0.8	기계이앙 1.0 담수직파 0.9	무농약재배 0.8 유기재배 0.9 일반재배 1.0	4/25~5/15 0.9 5/16~6/16 1.0 6/17~ 0.9

물음 1) 2025년도 가입을 위한 평년수확량을 구하시오.(단, 보정계수는 소수점 첫째 자리에서 반올림해 정수 단위로 한다.(예 1.5=2)) (5점)

물음 2) 보험가입금액을 구하시오. (5점)

물음 3) 계약자가 8월에 임의해지 한 경우의 환급보험료를 구하시오. 8월의 미경과비율은 20%로 한다. (5점)

[문제 9] 다음은 농작물재해보험에 가입하려는 농지들이다. 각 농지의 ① <u>인수 가능 여부</u>와 ② <u>인수 가능 및 제한 이유</u>를 모두 쓰시오. (15점)

물음 1) A 농지 종합위험 수확감소보장 논작물

• 품목 밀	• 평년수확량 1,000kg
• 가입가격 1,000원/kg	• 가입수확량 1,000kg
• 파종 11월 15일	• 전체 재배면적 1,000㎡ 중 보리 식재 100㎡

물음 2) B 농지 종합위험 수확감소보장 밭작물

• 품목 옥수수 (2주 재배)	• 가입수확량 1,000kg (가입비율 100%)
• 가입금액 5,000원/kg	• 파종 2월 25일
• 출현율 85%	• 정식주수 3.1주/0.5㎡

물음 3) C 농지 종합위험 생산비보장 밭작물

• 품목 당근(노지. 미니 당근)	• 재배(가입)면적 1,000㎡
• 가입가격 2,500원/㎡	• 파종 8월 30일
• 출현율 60%	• 제주 목초지 재배

[문제 10] 다음 내용을 바탕으로 ①~③ 농가에 대한 가축재해보험에서의 정부지원보험료를 구하시오. (두당 보험가입금액은 부문별 가입두수 모두 동일하며, 보험료 산정 시 다른 조건은 고려하지 않는다.) (15점)

①	경주마 (국내산)	가입 두수 5필	전부 가입	보험가입금액 80,000,000원/두 보험료율 5%
②	오리 (산란용)	사육두수 1,000두 사육면적 300㎡	전부 가입	보험가입금액 6,000원/두 보험료율 6%
③	돼지	사육두수 300두 사육면적 300㎡	전부 가입 형태: 일괄가입	보험가입금액 303,000원/두 보험료율 6%

※ 다음 문제에 대해 답하시오. (11 ~ 15번 문제)

[문제 11] 다음은 종합위험 수확감소보장 밭작물의 품목별 수확량조사 적기에 관한 내용이다. (   )에 알맞은 내용을 쓰시오. (5점)

○ 감자(봄재배) : 감자의 비대가 종료된 시점(파종일로부터 (①   ) 이후)

○ 차 품목 : 조사 가능일 직전. 조사 가능일은 대상 농지에 식재된 차나무의 대다수 신초가 (②   )의 형태를 형성하며 수확이 가능할 정도의 크기(신초장 4.8cm 이상, 엽장 2.8cm 이상, 엽폭 0.9cm 이상)로 자란 시기를 의미하며, 해당 시기가 수확연도 5월 10일을 초과하는 경우에는 수확년도 5월 10일을 기준으로 함.

○ 콩 품목 : 콩잎이 누렇게 변하여 떨어지고 꼬투리의 80~90% 이상이 고유한 성숙(황색) 색깔로 변하는 시기인 생리적 성숙기로부터 (③   ) 이 지난 시기

○ 수박 품목: 수확 적기(꽃가루받이 후 또는 착과 후 (④   ))

○ 고구마 품목: 고구마의 비대가 종료된 시점. 삽식일로부터 (⑤   ) 이후에 농지별로 적용

[문제 12] 종합위험 과실손해보장에 가입한 두릅 품목에 관한 다음 물음에 답하시오. (5점)

○ 조건 Ⅰ. 계약사항

보험가입금액	평년수확량	실제경작면적	자기부담비율
5,000,000원	600kg	2,500㎡	20%

○ 조건 Ⅱ. 과실손해조사

- 조사 : (①)에 따라 표본구간 수 4구간을 선정 → 선정된 표본주를 중심으로 (②) 길이를 구획 → 표본 구간 내 식재된 총 (③)수와 보장하는 재해로 인한 피해 (③)수를 조사

- 조사결과 : 총 (③)수 25개, 피해 (③)수 14개, 미보상비율 10%

물음 1) ①~③을 알맞게 채우시오. (2점)

물음 2) 조건 Ⅰ, Ⅱ를 참조하여 보험금을 구하시오. (3점)

[문제 13] 농작물재해보험 원예시설 손해보장 상품에 가입한 농가의 다음 내용을 바탕으로 생산비 보장 보험금을 구하시오. (모든 비율은 %로 소수점 셋째 자리에서 반올림해 소수점 둘째 자리까지로 하고(예 12.345%=12.35%), 보험금은 일원 단위 미만은 절사한다.) (5점)

○ 조건 Ⅰ. 계약사항

품목	가입면적	보험가입금액	보장생산비
배추	2,000㎡	2,400,000원	2,400원/㎡

○ 조건 Ⅱ. 시설작물 손해조사 (보상하는 손해 발생 확인)

- 재배면적 2,000㎡, 피해면적 800㎡
- 표준생장일수 : 70일
- 사고일자 : 수확개시일부터 46일 경과
- 손해정도비율 44%
- 표준수확일수 : 50일
- 실제 수확개시일부터 수확종료일까지의 일수 : 48일
- 미보상비율 5%

[문제 14] 다음은 종합위험 수확감소보장방식 밭작물(마늘)에 관한 내용이다. 조건 Ⅰ~Ⅲ을 참조하여 다음 농가의 재파종보험금을 구하시오. (피해율은 %로 소수점 셋째 자리에서 반올림하여 소수점 둘째 자리까지로 한다.(**예** 12.345%＝12.35%)) (5점)

○ 조건 Ⅰ. 계약사항

품종	보험가입금액	실제경작면적	평년수확량	자기부담비율	가입 특별약관
남도종 (제주)	500만원	1,000㎡	1,000kg	15%	조기파종보장

○ 조건 Ⅱ. 재파종조사

표본구간 총 5구간	재파종 전조사		재파종 후조사
표본구간 면적 합계	표본구간 파종주수 합계	표본구간 식물체 주수 합계	표본구간 총 파종주수 합계 (이전 파종주수 포함)
15㎡	480주	345주	465주

○ 조건 Ⅲ
- 조기파종보장 특별약관 보장 기간 내의 보상하는 재해로 인한 사고이며, 10월 31일 이전 재파종 완료 확인

[문제 15] 농작물재해보험 수확감소보장방식 과수 품목의 수확량조사에 관한 내용이다. ( )에 알맞은 숫자를 쓰시오. (5점)

(1) 감귤(만감류) (2품종. 조생종, 중생종) 과중조사 : 조사횟수 (①)회

(2) 복숭아(2품종) 착과피해구성조사 : 최소 표본과실수 농지당 (②)개

(3) 참다래(3품종) 착과피해구성조사 : 최소 표본수주 (③)주

(4) 매실 착과피해구성조사 : 표본주수 7주, 최소 표본과실무게 (④)g

(5) 오미자 낙과피해구성조사 : 표본구간 5구간수. 표본구간 (⑤)m

※ 다음 서술형 문제에 대해 답하시오. (16 ~ 20번 문제)

[문제 16] 농작물재해보험에 가입한 포도 품목과 비가림시설에 관한 다음 조건 Ⅰ, Ⅱ를 바탕으로 물음에 답하시오. (단, 포도와 비가림시설의 사고는 별개의 사고이며, 주당 평년수확량, 수확량, 미보상감수량은 kg 단위로 소수점 첫째 자리에서 반올림한다.(예 12.5kg=13kg)) (15점)

○ 조건 Ⅰ. 포도(농업수입안정보장) 계약사항 및 수확량조사

포도 (A, B 품종)	보험가입금액	평년수확량	가입주수 및 표준수확량	자기부담비율	기준가격
	4,500만원	4,500kg	A 품종 100주, 1,800kg B 품종 200주, 3,200kg	20%	10,000원/kg

○ 착과수 조사

• 착과수 조사 전 피해사실이 인정되지 않은 농지

• 나무 조사

구분	실제결과주수	미보상주수	고사주수	기수확주수
A 품종	100주	20주	-	-
B 품종	200주	-	-	-

• 착과수 조사 : A 품종 4,280개, B 품종 9,000개

○ 과중 조사 : A 품종 300g/개, B 품종 280g/개

○ 피해구성조사 (태풍 피해 발생)

• 나무 조사 : B 품종 금차 고사주수 30주(금차 고사분 과실수: 45개/주)

• 착과 및 낙과 피해구성조사

구분	착과수 합계	착과피해구성률	낙과수 합계	낙과피해구성률
A 품종	3,500개	35%	700개	50%
B 품종	6,500개	40%	1,150개	

○ 조건 Ⅱ. 비가림시설 계약사항 및 피해조사

비가림시설 1동, 2동	보험가입금액	총 가입면적
	2,592만원	1,800㎡

• 사고 내용 : 구조체, 피복재 모두 피해 입음

구분	보험가액	손해액
1동	10,800,000원	10,000,000원
2동	21,600,000원	4,500,000원

물음 1) 포도 품목의 보험금을 구하시오. (10점)

물음 2) 비가림시설에 화재 사고가 발생하였다. 비가림시설의 총 보험금을 구하되, 풀이 과정을 모두 쓰시오. (5점)

[문제 17] 수확 전 종합위험 과실손해보장에 가입한 무화과 품목에 관한 다음 조건 Ⅰ~Ⅲ을 바탕으로 물음에 답하시오. (수확량 및 미보상감수량은 kg 단위로 소수점 첫째 자리에서 반올림하여 정수 단위로 하고(예 12.5kg=13kg), 잔여수확량비율 및 피해율은 %로 소수점 셋째 자리에서 반올림하여 소수점 둘째 자리까지로 한다. (예 12.345%=12.35%)) (15점)

○ 조건 Ⅰ. 계약사항

품목	보험가입금액	평년수확량	실제결과주수	자기부담비율
무화과 (단일 품종, 수령)	1,000만원	1,000kg	100주	15%

○ 조건 Ⅱ. 조사내용

○ 종합위험 과실손해조사 : 수확량조사
- 미보상주수 5주, 고사주수 5주, 조사대상주수 90주
- 주당 착과수 100개, 표준과중 90g/개, 착과피해구성율 25%
- 미보상비율 10%

○ 특정위험 과실손해조사 : 사고일자. 8월 25일
- 표본조사 : 결과지 피해조사
- 고사 결과지수 10개, 미고사 결과지수 20개
- 보상 고사결과지수 6개, 미보상고사 결과지수 4개, 착과피해율 30%

○ 조건 Ⅲ. 무화과 사고 발생일에 따른 잔여수확량 산정식

사고 발생월	잔여수확량 산정식(%)
8월	100 - (①) × 사고 발생일자
9월	(100 - 33) - (②) × 사고 발생일자
10월	(100 - 67) - (③) × 사고 발생일자

물음 1) 과실손해보험금을 구하시오. (10점)

물음 2) 사고 발생일에 따른 잔여수확량 산정식의 (   )을 알맞게 채우시오. (5점)

[문제 18] 종합위험 생산비보장에 가입한 고추 품목에 관한 조건 Ⅰ~Ⅲ을 참조하여 물음에 답하시오. (단, 경과비율(%)은 소수점 셋째 자리에서 반올림해 소수점 둘째 자리까지로 한다. (예 12.345%＝12.35%))(15점)

○ 조건 Ⅰ. 계약사항

| · 보험가입금액 10,000,000원 | · 가입면적 5,000㎡ | · 자기부담비율 5% |

○ 조건 Ⅱ. 재정식 조사

○ 정식일자 : 4월 25일

○ 집중호우로 인해 재배면적 전체 피해 발생

○ 재정식 조사

· 전조사(5월 10일) : 보장하는 재해 확인, 실제경작면적 5,000㎡, 피해면적 5,000㎡

· 후조사(5월 17일) : 피해면적 전체 재정식 이행 완료 확인(재정식 이행완료일 5월 16일)

○ 조건 Ⅲ 생산비 손해조사

· 가뭄 피해 확인

· 조사일자 : 7월 30일(정식일로부터 96일, 재정식 완료일로부터 75일)

· 재해 종료일자 : 8월 10일(정식일로부터 경과일수 107일, 재정식 완료일로부터 86일)

· 수확 예정일자 : 8월 24일(정식일로부터 경과일수 121일, 재정식 완료일로부터 100일)

· 피해조사 : 면적피해율 40%, 평균 손해정도비율 50%, 미보상비율 10%

물음 1) 재정식보험금을 구하시오. (5점)

물음 2) 생산비보장보험금을 구하시오. (10점)

[문제 19] 가축재해보험에 가입한 농가에 관한 다음 조건 Ⅰ ~ Ⅲ을 바탕으로 물음에 답하시오. (15점)

○ 조건 Ⅰ. 계약사항

보험가입금액	자기부담비율
2,000만원	20%

○ 조건 Ⅱ. 사고 당일 포함 직전 5영업일의 평균 가격

산란실용계 병아리 평균 가격	산란 중추 평균 가격	20주 산란계 가격	산란 성계육 평균 가격	계란 1개 평균 가격
800원	4,000원	7,000원	2,200원	왕란 120원, 특란 100원 대란 이하 80원

물음 1) 이 농가의 총사육 상황을 다음 주령별 1,000마리로 가정할 때 주령별 보험가액을 구하시오. (1,000마리의 보험가액은 천원 단위에서 절사하고(**예** 1,234,000원=1,230,000원), 계란 1개 평균가격은 일원 단위 미만은 절사한다.(**예** 88.8원=88원) 1주령은 7일로 계산한다.) (10점)

①생후 7주령

②생후 12주령

③생후 18주령

④생후 30주령

⑤생후 74주령

물음 2) 위 농가의 다음 사고 조사내용을 바탕으로 지급보험금을 구하시오. (5점)

○ 조건 Ⅲ

사고 내용	잔존물 처리비용
수재. 전체 폐사	200만원

[문제 20] 적과전 종합위험Ⅱ에 가입한 과수원에 관한 다음 조건 Ⅰ, Ⅱ를 참조하여 ① <u>착과 감소보험금</u>, ② <u>과실손해보험금</u>, ③ <u>나무손해보장 보험금</u>을 구하시오. (단, 모든 량 (kg) 및 과실수는 소수점 첫째 자리에서 반올림하고(䁖 123.5kg(개)=124kg(개)), 피해율(%)은 소수점 셋째 자리에서 반올림해 소수점 둘째 자리까지로 한다.(䁖 12.345%=12.35%)) (15점)

○ 조건 Ⅰ. 계약사항

품목	보험가입금액	평년착과수	가입주수	자기부담비율
사과	30,000,000원	20,000개	150주	10%

가입과중	가입가격	착과감소보험금 보장수준	가입 특별약관
300g	과실 5,000원/kg 나무 100,000원/주	70%	나무손해보장

○ 조건 Ⅱ. 조사내용

구분	재해	사고	조사	내용
계약 24 ~ 적과 종료 이전	화재	4/1	4/2	○ 피해규모 확인 : 일부나무에 피해 ○ 나무조사 : 실제결과주수 150주, 고사주수 10주, 수확불능주수 10주, 일부피해주수 8주 ○ 미보상비율 10%
적과 종료 시점	-	-	6/25	○ 적과후착과수 조사 • 적과후착과수 16,640개 ○ 나무조사(추가) : 미보상주수 2주
적과 종료 ~ 수확 전	일소	8/15	8/16	○ 일소피해조사 ○ 나무조사 : 적과후착과수 조사 이후 변동 없음 ○ 착과피해조사 : 표본주당 착과수 122개, 착과피해구성율 30% ○ 낙과피해조사 (전수조사) : 총낙과수 1,000개, 낙과피해구성율 50%
	태풍	9/15	9/16	○ 나무조사 : 적과후착과수 조사 이후 변동 없음 ○ 낙과피해조사 (전수조사) : 총 낙과수 2,000개, 낙과피해구성율 50%

• 수확기 종료 이후 나무 피해 없음

2025년도 제11회
손해평가사 2차 국가자격시험

2회

교시	시험시간	시험과목
1교시	120분	① 농작물재해보험 및 가축재해보험의 이론과 실무 ② 농작물재해보험 및 가축재해보험 손해평가의 이론과 실무

수험번호		성명	

| 수험자
유의사항 | 1. **시험문제지 표지**와 시험문제지의 **총면수, 문제번호 일련순서, 인쇄상태** 등을 확인하시고, 문제지 표지에 수험번호와 성명을 기재하시기 바랍니다.
2. 수험자 인적사항 및 답안지 등 작성은 **반드시 검정색 필기구만을 계속 사용**하여야 합니다. (그 외 연필류, 유색필기구, 2가지 이상 색 혼합사용 등으로 작성**한 해당 답안은 0점 처리**됩니다.)
3. 문제번호 순서에 관계없이 답안 작성이 가능하나, **반드시 문제번호 및 문제를 기재**(긴 경우 요약기재 가능)하고 해당 답안을 기재하여야 합니다.
4. 답안 정정 시에는 **두 줄(=)을 긋고 다시 기재**하거나 **수정테이프를 사용**하시기 바라며, 수정액을 사용하여 수정할 경우 채점상의 불이익을 받을 수 있으므로 사용하지 마시기 바랍니다.
5. **감독위원의 지시에 불응하거나 시험시간 종료 후 답안지를 제출하지 않을 경우 불이익이 발생할 수 있음을 알려 드립니다.**
6. 시험문제지는 시험 종료 후 가져가시기 바랍니다. |
| 공통
유의사항 | ○ 계산문제는 반드시 계산과정, 답, 단위를 정확히 기재 <부분점수 없음>
○ 계산과정에서 임의적인 반올림 또는 절사 금지
○ 문제답안작성마다 답작성이 끝나면 "끝"이라고 기재할 것.
○ 전체답안작성이 끝나면 한 줄 띄고 "이하여백"이라 작성할 것. |

농작물재해보험 및 가축재해보험의 이론과 실무

※ 다음 문제에 대해 답하시오. (1 ~ 5번 문제)

[문제 1] 「농업재해보험·손해평가의 요령」에서 정하는 보통보험약관의 해석 원칙에 관한 다음 (   )를 알맞게 채우시오. (5점)

○ 당사자의 개별적인 해석보다는 법률의 일반 해석 원칙에 따라 보험계약의 단체성·기술성을 고려하여 각 규정의 뜻을 (①   )으로 해석해야 한다.

○ 보험약관은 보험계약의 성질과 관련하여 (②   )의 원칙에 따라 공정하게 해석되어야 하며, 계약자에 따라 다르게 해석되어서는 안 된다.

○ 보험 약관상의 인쇄 조항(printed)과 수기 조항(hand written) 간에 충돌이 발생하는 경우 (③   ) 조항이 우선한다.

○ 보험약관의 내용이 모호한 경우 즉, 하나의 규정이 객관적으로 여러 가지 뜻으로 풀이되는 경우나 해석상 의문이 있는 경우에는 (④   )에게 엄격·불리 하게 (⑤   )에게 유리하게 풀이해야 한다.

[문제 2] 「농업재해보험·손해평가의 요령」에서 정하는 농업재해의 특성 중 5개를 쓰시오. (5점)

[문제 3] 종합위험 과실손해보장 온주밀감류를 재배하는 과수원에 다음과 같이 방재시설이
        설치되어 있다. 과수원의 보통약관 보험료 산정 시 적용할 수 있는 방재시설 할인율
        의 합을 쓰시오. (5점)

방풍망	망구멍 가로 및 세로가 8㎜의 망목네트를 과수원 둘레 1면에 설치
방조망	망구멍 가로 및 세로가 12㎜의 망목네트로 새의 입출이 불가능하게 설치. 주 지주대와 보조 지주대를 설치해 과수원 전체 피복. 위와 측면을 덮도록 설치
방충망	망구멍 가로 및 세로가 5㎜의 망목네트로 과수원 전체에 과수원의 측면을 덮도록 설치
서리방지용 미세살수장치	서리피해를 방지하기 위해 설치된 살수량 600ℓ/10a의 미세살수장치

[문제 4] 다음은 종합위험 시설작물 및 시설재배 버섯 화재위험보장 특별약관의 보상하지 않
        는 손해이다. (   )를 알맞게 채우시오. (5점)

○ 보험의 목적의 발효, 자연발열, 자연발화로 생긴 손해. 그러나, 자연 발열 또는 자연발화로
  (①)된 다른 보험의 목적에 생긴 손해는 보상

○ 발전기, 여자기(정류기 포함), 변류기, 변압기, 전압조정기, 축전기, 개폐기, 차단기, 피뢰기, 배
  전반 및 그 밖의 전기기기 또는 장치의 전기적 사고로 생긴 손해. 그러나 그 결과로 생긴
  (②)는 보상

○ 화재로 기인 되지 않은 수도관, 수관 또는 수압기 등의 (③)로 생긴 손해

○ 국가 및 지방자치단체의 명령에 의한 재산의 (④) 및 이와 유사한 손해

○ 핵연료 물질(사용된 연료 포함) 또는 핵연료 물질에 의하여 오염된 물질(원자핵 분열 생성물
  포함)의 (⑤), 폭발성 그 밖의 유해한 특성 또는 이들의 특성에 의한 사고로 인한 손해

[문제 5] 농작물재해보험 종합위험 생산비보장 품목의 보험기간이다. (   )에 들어갈 내용을 쓰시오. (5점)

보장	품목	보험기간	
		보장개시	보장종료
종합위험 생산비 보장	고추	계약체결일 24시	정식일부터 (①)째 되는 날 24시
	가을 무	파종완료일 24시 다만, 보험계약 시 파종완료일이 경과한 경우에는 계약체결일 24시. 단, 파종완료일은 아래 일자를 초과할 수 없음. 판매개시연도 (②)	파종완료일부터 80일째 되는 날 24시
종합위험 재정식 보장	대파	정식완료일 24시 다만, 보험계약 시 정식완료일이 경과한 경우에는 계약체결일 24시. 단, 정식완료일은 아래 일자를 초과할 수 없음. 판매개시연도 (③)	재정식 완료일 다만, 아래의 일자를 초과할 수 없음 판매개시연도 6월 21일
종합위험 경작불능 보장	당근	파종완료일 24시 다만, 보험계약 시 파종완료일이 경과한 경우에는 계약체결일 24시. 단, 파종완료일은 아래 일자를 초과할 수 없음. 판매개시연도 (④)	최초 수확 직전 다만, 종합위험 생산비보장에서 정하는 보장종료일을 초과할 수 없음
종합위험 재파종 보장	메밀	파종완료일 24시 다만, 보험계약 시 파종완료일이 경과한 경우에는 계약체결일 24시. 단, 파종완료일은 아래 일자를 초과할 수 없음. 판매개시연도 9월 15일	재파종 완료일 다만, 아래의 일자를 초과할 수 없음 판매개시연도 (⑤)

※ 다음 서술형 문제에 대해 답하시오. (6 ~ 10번 문제)

[문제 6] 다음 2025년도 농업수입안정보장 상품에 가입한 콩 품목의 가격조항에 관한 내용이다. 조건 Ⅰ~Ⅲ을 바탕으로 물음에 답하시오. (15점)

물음 1) (   )를 알맞은 용어로 채우시오. (3점)

○ 조건 Ⅰ.

<가격산출을 위한 기초통계와 기초통계 기간>

용도	품종	기초통계	기초통계 기간
장류 및 두부용	전체	서울 양곡도매시장의 (①) 가격	수확연도 11월1일부터 익년 1월 31일까지
밥밑용	(②)	서울 양곡도매시장의 (②) 가격	
	흑태 및 기타	서울 양곡도매시장의 흑태 가격	
나물용	전체	사업대상 시·군 지역농협의 (③)	

물음 2) 다음 조건 Ⅱ를 바탕으로 기준가격과 수확기가격을 구하시오. (과거 5년은 2020년~2024년으로 하며, 일원 단위 미만은 절사한다.(**예** 1,234.5원=1,234원)) (8점)

○ 조건 Ⅱ.

<밥밑용 콩. 서울 양곡도매시장의 연도별 평균 가격(원)>

구분	2020	2021	2022	2023	2024	2025
중품	5,000	5,500	5,300	5,800	-	6,200
상품	6,000	5,900	6,200	6,500	6,600	6,500

• 농가수취비율 과거 5년 올림픽 평균값 85%

물음 3) 조건 Ⅱ와 다음의 조건 Ⅲ을 바탕으로 보통약관 보험료를 구하시오. (4점)

○ 조건 Ⅲ. 계약사항

가입수확량	지역별 보통약관 영업요율	손해율에 따른 할인·할증률	방재시설 설치
3,000kg	8%	-8%	• 스프링클러 • 암거배수시설

[문제 7] 2025년도 종합위험 수확감소보장에 가입한 유자 품목의 ① **평년수확량**, ② **보험가입금액** 및 ③ **보험금**을 구하시오. (단, 모든 중량은 kg 단위로 소수점 첫째 자리에서 반올림해 정수 단위로(**예** 123.5kg＝124kg), 피해율은 %로 소수점 셋째 자리에서 반올림해 소수점 둘째 자리까지로(**예** 12.345%＝12.35%.), 보험금은 일원 단위 미만에서 반올림하여 원 단위까지로(**예** 123.5원＝124원) 한다.) (15점)

○ 조건 Ⅰ. 계약사항(가입년도 2025년)

가입가격	가입수확량	가입주수	표준수확량	자기부담비율
5,000원/kg	평년수확량 100%	500주	5,000kg	최저비율

○ 조건 Ⅱ. 수확량조사(2025년)

조사수확량	미보상비율 조사
3,000kg	10%

○ 조건 Ⅲ. 과거 가입이력   (단위. kg)

	2018	2019	2020	2021	2022	2023	2024
표준수확량	5,000	5,000	5,000	5,000	5,000	5,000	5,000
평년수확량	미가입	5,000	미가입	5,100	4,900	미가입	5,000
조사수확량	미가입	무사고	미가입	4,000	무사고	미가입	3,600

[문제 8] 종합위험 버섯 손해보장에 가입한 새송이버섯 품목에 관한 다음 물음에 답하시오. (15점)

○ 조건. 계약사항 및 조사내용(연간 재배 예정인 다른 작물은 없다.)

보험가입금액	재배(가입)병수	보장생산비	보험기간
450만원	20,000병	450원/병	2025년 3월~2025년 6월 (4개월. 120일)
버섯재배사	(버섯)보험료율	지방자치단체 지원율	조사내용
경량철골조	보통약관 영업요율 10% 순보험료율 9% 부가보험료율 1%	40%	피해비율 80% 손해정도비율 60% 미보상비율 0%

물음 1) 새송이버섯 품목의 보통약관 보험료를 구하시오. (5점)

물음 2) 생산비보장 보험금을 구하시오. (5점)

물음 3) 보험가입 후 보장 종기까지 30일이 남은 시점에서 계약자 또는 피보험자의 책임 없는 사유에 의해 계약이 해지된 경우의 환급보험료를 구하시오. (5점)

[문제 9] 가축재해보험에 가입한 농가에 관한 다음 내용을 참고하여 물음에 답하시오. (모든 비용은 일원 단위 미만은 절사하며(㉠ 1,234.5원＝1,234원), 다른 조건은 고려하지 않는다.) (15점)

○ 계약사항 : 계약자 A. 소 부문(한우). 보험가입금액 400만원, 자기부담비율 20%

○ 조사내용
- 보상하는 손해로 인한 폐사
- 사고 시점 보험가액 : 600만원
- A씨가 지출한 비용손해 : 매몰비용 20만원, 견인 및 차에 싣는 비용 30만원

물음 1) A씨가 받을 수 있는 보험금을 구하시오. (10점)

물음 2) 가축재해보험 소 부문에서 폐사를 보상하는 손해를 모두 쓰시오. (3점)

물음 3) A씨가 보험기간 중 사고 소가 외과적 수술을 한 것을 보험자에게 알리지 않았다. 이 경우에 ① 계약자가 위반한 사항과 ② 보험자가 취할 수 있는 조치를 쓰시오. (2점)

[문제 10] 다음은 특정위험보장 인삼 및 종합위험보장 해가림시설에 관한 내용이다. 다음 내용을 바탕으로 각 물음에 답하시오. (15점)

○ 인삼(가입. 2025. 05)

- 1형. 2024년 5년근 가입에 이은 2025년 갱신 계약
- 재배면적 2,000㎡ (전체 면적의 재배 연근은 동일)

<연근별 보상가액>

구분	2년근	3년근	4년근	5년근	6년근
원/㎡	10,200	11,600	13,400	15,000	17,600

○ 해가림시설(가입. 2025. 05)

- 가입면적 2,000㎡
- 가입 특별약관 없음
- 재료 목재, 철재 (재료별로 설치구획이 나뉘어져 있음)
- 목재 설치면적 : 경과년수 2년 400㎡, 3년 600㎡
- 철재 설치면적 : 구조체 재사용. 최초 설치 2019. 04. 최초 구입 2018. 03

해가림시설 가입면적 2,000㎡		시설비(원/㎡)	
목재 1,000㎡	철재 1,000㎡	목재 6,000원	철재 9,500원

○ 기타(작물과 시설 모두에 적용되는 항목은 동일하게 적용)

- 지역별 보통약관 영업요율 10%
- 관수시설 설치 여부 : 설치☑ 미설치☐
- 손해율 및 가입연수에 따른 할인·할증율 -13%

물음 1) 2025년 가입하는 인삼 작물의 ① <u>인수 가능 여부</u>와 ② <u>그 이유</u>를 쓰고, ③ <u>가능한 경우 보험료를 산출하고, 가능하지 않은 경우 보험료는 0원으로 기재</u>하시오. (5점)

물음 2) 해가림시설의 농지 단위의 보험가입금액을 구하시오. (보험가입금액은 농지 단위로 천원 단위에서 절사한다. **예** 1,234,000원＝1,230,000원) (5점)

물음 3) 위 물음 2)에서 산출한 보험가입금액을 기준으로 해가림시설의 농지 단위의 보험료를 구하시오. (5점)

※ 다음 문제에 대해 답하시오. (11 ~ 15번 문제)

[문제 11] 농작물재해보험 종합위험 생산비보장(노지 밭작물)의 생산비보장 손해조사에서 다음 품목들의 표본구간 내 작물 상태를 조사할 때 조사해야 하는 '표본구간 내 작물 구수의 합'을 쓰시오. (예 브로콜리 1구+가을 무 1구+대파 1구=3구) (5점)

조사 품목 : 브로콜리, 가을 무, 대파

[문제 12] 가축재해보험 가금 부문에 가입한 종오리에 관한 다음 조건 Ⅰ, Ⅱ를 바탕으로 보험가액을 구하시오. (단, 생후 28주령 협정보험가액은 10,000원/두로 하고, 보험가액은 일원 단위 미만은 절사한다. (예 1,234.5원=1,234원))(5점)

물음 1) 생후 22주령 보험가액

물음 2) 생후 40주령 보험가액

물음 3) 생후 81주령 보험가액

[문제 13] 종합위험 수확감소보장에 가입한 자두 품목에 관한 다음 조건 Ⅰ~Ⅲ을 참조하여 착과량을 구하시오. (단, 주당 무게는 kg으로 소수점 첫째 자리에서 반올림해 정수 단위로 한다.(例 12.5kg=13kg)) (5점)

○ 조건 Ⅰ. 계약사항

평년수확량	실제결과주수		표준수확량	
	A 품종	B 품종	A 품종	B 품종
5,500kg	100주	50주	3,900kg	2,100kg

○ 조건 Ⅱ. 착과수조사(최소 표본주수 조사. 품종별 표본주수는 소수점 첫째 자리에서 올림)

A 품종	B 품종
조사대상주수 착과수 합계 32,000개 미보상주수 5주, 고사주수 없음	표본주 착과수 합계 600개 미보상주수 및 고사주수 없음

○ 조건 Ⅲ. 과중조사 : '농지당 최소 표본과실수'로 조사

1차 조사	A 품종 표본과실수 △개 과중 합계 2,000g	2차 조사	A 품종 표본과실수 △개 과중 합계 1,800g
	B 품종 표본과실수 20개 과중 합계 2,400g		B 품종 표본과실수 20개 과중 합계 2,200g

[문제 14] 다음 조건 Ⅰ, Ⅱ를 참조하여 나무손해보장 보험금을 구하시오. (단, 피해율은 %로 소수점 셋째 자리에서 반올림하여 소수점 둘째 자리까지로 한다. (예 12.345%=12.35%)) (5점)

○ 조건 Ⅰ. 계약사항 (나무손해보장 특약 가입일자 2024. 02.10)

보장방식 품목	나무손해보장 특약 보험가입금액	가입 특별약관
적과전 종합위험보장 사과	100,000원/주	적과 종료 전 특정위험 5종 한정보장 나무손해보장

○ 조건 Ⅱ. 조사내용(조사일자 2025. 01. 10)

> ○ 조사종류 : 고사나무 조사(가입주수와 실제결과주수는 동일)
>
> - 조사일자 기준 과수원의 살아있는 모든 나무수 280주
> - 2024년 4월 발생한 건조해로 고사한 나무 10주
> - 2024년 5월에 발생한 화재로 수확불능인 나무 8주
> - 2024년 1월 발생한 동해로 고사한 나무 5주
> - 2024년 6월 발생한 조수해로 착과량이 현저하게 감소한 나무 4주
> - 2024년 12월 발생한 동해로 고사한 나무 16주

[문제 15] 종합위험 과실손해보장에 가입한 감귤(온주밀감류)의 다음 조건 Ⅰ, Ⅱ를 참조하여 보험금을 구하시오. (단, 피해율(%)은 소수점 셋째 자리에서 반올림하여 소수점 둘째 자리까지로 한다. (예 12.345%＝12.35%)) (5점)

○ 조건 Ⅰ. 계약사항

보험가입금액	자기부담비율
40,000,000원	15%

○ 조건 Ⅱ. 주품종 수확기에 실시한 종합위험 과실손해조사(수확 전 사고접수 없음)

• 표본주의 과실수 분류(총 80개)

① 보장하는 재해로 과육은 피해가 없고 과피 전체 표면 면적의 10% 내의 피해가 있는 과실 : 20개

② 보장하는 재해로 과육은 피해가 없고 과피 전체 표면 면적의 30%의 피해가 있는 경우 : 30개

③ 과실의 크기만으로 등급 외 크기이면서 무피해 과실 : 20개

④ 과실의 크기만으로 등급 외 크기이면서 보장하는 재해로 과육은 피해가 없고 과피 전체 표면 면적의 30% 피해가 있으며 과실 횡경이 75㎜인 과실 : 10개

⑤ 미보상비율 10%

※ 다음 서술형 문제에 대해 답하시오. (16 ~ 20번 문제)

[문제 16] 다음은 종합위험 수확감소보장방식 벼 품목에 관한 내용이다. 조건 Ⅰ, Ⅱ를 참조하여 물음에 답하시오. (표본구간 ㎡당 유효중량(kg) 및 피해율(%)은 소수점 셋째 자리에서 반올림해 소수점 둘째 자리까지로 하고(예 1.235kg(%)=1.24kg(%))하고, 수확량과 미보상감수량은 kg 단위로 소수점 첫째 자리에서 반올림해 정수 단위로 한다.(예 123.5kg=124kg)) (15점)

○ 조건 Ⅰ. 계약사항

품목	보험가입금액	가입면적	평년수확량	자기부담비율
벼 (찰벼)	6,000,000원	5,000㎡	2,500kg	20%

○ 조건 Ⅱ.

재해 종류	조사 종류	실제경작면적	고사면적	타작물 및 미보상면적	기수확면적
호우	수확량조사	5,000㎡	400㎡	200㎡	0㎡

물음 1) 표본조사를 실시하고 수확량조사 내용이 다음과 같을 때의 피해율을 구하시오. (5점)

표본구간	표본면적조사	표본구간 작물 중량 합계	조사 함수율 평균값
6구간	4포기의 길이 100cm 포기당 간격 30cm	540g	16%

• 미보상비율 10%

물음 2) 전수조사를 실시하고 수확량조사 내용이 다음과 같을 때의 피해율을 구하시오. (5점)

전수조사 작물 중량 합계	조사 함수율 평균값
1,320kg	16%

• 미보상비율 10%

물음 3) 위 농지의 지급보험금을 구하시오. (5점)

[문제 17] 종합위험 수확감소보장 상품에 가입한 마늘 품목에 관한 다음 조건 Ⅰ~Ⅵ를 바탕으로 물음에 답하시오. (㎡당 중량은 kg 단위로 소수점 셋째 자리에서 반올림(圆 1.235kg=1.24kg)하고, 수확량과 미보상감수량은 kg 단위로 소수점 첫째 자리에서 반올림해 정수 단위로 한다.(圆 123.5kg=124kg)) (15점)

○ 조건 Ⅰ. 계약사항

품목	보험가입금액	보험가입면적	평년수확량	자기부담비율	가입 특별약관
마늘 남도종(제주)	20,000,000원	3,000㎡	4,000kg	20%	조기파종보장

○ 조건 Ⅱ. 재파종조사. 보장하는 재해 발생 확인

○ 재파종 전조사. 2024.10.20
  • 식물체주수 24,000주/10a

○ 재파종 후조사. 2024.10.30 (후조사 완료)
  • 재파종주수 31,000주/10a (전조사 파종주수 포함)

○ 한지형마늘상품 최초 판매개시일 2024.10.25

○ 조건 Ⅲ. 경작불능조사. 보장하는 재해 발생 확인 (후조사 완료)

• 사고일자. 2025.04.01.   • 고사면적 2,100㎡

○ 조건 Ⅵ. 수확량조사

• 면적 조사

실제경작면적	미보상면적	타작물면적	고사면적	기수확면적
3,000㎡	200㎡	-	2,100㎡	-

• 표본조사

표본면적 합계	표본구간 작물 중량		
6㎡	마늘통 최대 지름 3.5cm 미만 80% 피해형	마늘통 최대 지름 3.5cm 미만 100% 피해형	정상
	4kg	2kg	4kg

• 수확 적기까지의 잔여일수 7일

• 미보상비율 10%

물음 1) 재파종보험금을 구하시오. (3점)

물음 2) 경작불능보험금을 구하시오. (2점)

물음 3) 경작불능보험금을 신청하지 않은 경우, 수확감소보험금을 구하시오. (10점)

[문제 18] 종합위험 과실손해보장에 가입한 블루베리 품목에 관한 다음 조건 Ⅰ~Ⅲ을 바탕으로 물음에 답하시오. (단, %는 소수점 셋째 자리에서 반올림하여 소수점 둘째 자리까지로 한다.(㉝ 12.345% = 12.35%))(15점)

○ 조건 Ⅰ. 계약사항

보험가입금액	평년수확량	실제결과주수	자기부담비율
10,000,000원	500kg	200주	20%

○ 조건 Ⅱ. 꽃 피해조사

• 꽃 피해조사

꽃눈 조사	피해꽃눈 수 20개	조사꽃눈 수 50개
꽃 조사	피해꽃 수 84개	조사꽃 수 210개

• 최종 꽃 고사율 범위에 따른 가중치

최종 꽃 고사율	0~20% 미만	20~35% 미만	35~50% 미만	50~65% 미만	65~80% 미만	80~95% 미만	95~100%
가중치	0	0.5	0.6	0.7	0.8	0.9	1

• 미보상비율 10%

○ 조건 Ⅲ. 과실손해조사(보장하는 재해 발생) – 표본주 8주

• 수확개시일자 6월 1일, 사고일자 6월 9일

표본가지 피해과실수 합계 50개	표본가지 전체과실수 합계 120개

• 미보상비율 10%

물음 1) 조건 Ⅱ의 꽃 피해조사를 실시하지 않은 경우로 가정하고, 조건 Ⅰ과 Ⅲ을 바탕으로 보험금을 구하시오. (5점)

물음 2) 조건 Ⅱ의 꽃 피해조사를 실시한 경우로 가정하고, 조건 Ⅰ과 Ⅲ을 참조하여 보험금을 구하시오. (10점)

[문제 19] 원예시설 손해보장에 가입한 농업용 시설물에 관한 조건 Ⅰ, Ⅱ를 참조하여 물음에 답하시오. (단, 모든 비율은 %로 소수점 셋째 자리에서 반올림해 소수점 둘째 자리까지로 하고(예 12.345%＝12.35%), 모든 금액은 일원 단위 미만의 첫째 자리에서 반올림한다. (예 123.5원＝124원)) (15점)

○ 조건 Ⅰ. 보험 가입 현황

가입면적(1단지. 고정식 단동하우스)		계약자·피보험자	보험자, 보험가입금액	가입 특별약관
1,000㎡		A	B. 1,800만원	• 재조달가액보장
1동 400㎡	2동 600㎡		C. 2,000만원	• 화재위험보장

○ 조건 Ⅱ. 조사내용 : 화재 사고(구조체, 피복재 모두 피해 발생)

보험가액	㎡당 시설비	피해면적	수리·복구	설치년월	사고년월
1동 800만원	20,000원	1동 100㎡	미완료	2022. 04	2024. 06
2동 1,200만원		2동 300㎡			

• ㎡당 시설비, 설치(취득)년월 및 사고년월은 1, 2동 동일

물음 1) 화재 사고로 인한 손해액을 구하시오. (5점)

물음 2) B, C 각 사의 지급보험금의 계산방법이 같은 경우, 각 사의 지급보험금을 구하시오. (5점)

물음 3) B, C 각 사의 지급보험금의 계산방법이 다른 경우, 각 사의 지급보험금을 구하시오. (5점)

[문제 20] 적과전 종합위험보장Ⅱ 상품에 가입한 농가에 관한 다음 조건 Ⅰ, Ⅱ를 바탕으로 보험금을 구하시오. (나무수·감수과실수 및 감수량은 소수점 첫째 자리에서 반올림하여 정수 단위로 하고(예 123.5개(kg)＝124개(kg)), 피해율(%)은 소수점 셋째 자리에서 반올림하여 소수점 둘째 자리까지로 한다.(예 12.345%＝12.35%)) (15점)

○ 조건 Ⅰ. 계약사항

품목	보험가입금액	평년착과수	가입주수	가입과중
사과	54,000,000원	30,000개	200주	300g/개

가입가격	자기부담비율	착과감소보험금 보장수준	가입 특별약관	
6,000원/kg	15%	50%	적과 종료 전 특정위험 5종 한정보장	

○ 조건 Ⅱ. 조사내용

구분	재해	사고	조사	내용
계약일 ~ 적과 종료 이전	우박	5.01	5.02	○ 피해사실확인조사 • 유과타박률 조사 <table><tr><td>피해유과</td><td>정상유과</td></tr><tr><td>80개</td><td>220개</td></tr></table> • 미보상비율 : 5%
	집중 호우	6.20	6.21	○ 피해사실확인조사 <table><tr><td>나무피해조사</td><td>실제결과주수 200주, 유실 5주, 도복 5주, 침수피해 20주</td></tr><tr><td>과실침수조사</td><td>침수 착과수 100개, 전체착과수 150개</td></tr></table> • 미보상비율: 10%
적과 종료 시점	-	6.25	6.26	○ 적과후착과수조사 : 적과후착과수 23,000개 <table><tr><td>실제결과 주수</td><td>미보상 주수</td><td>고사 주수</td><td>수확불능 주수</td><td>기수확 주수</td></tr><tr><td>200주</td><td>5주</td><td>10주</td><td>0주</td><td>0주</td></tr></table>

| 적과
종료
이후 | 태풍 | 9.20 | 9.21 | ○ 나무조사 (누적): 무피해나무 착과수조사 : 100개/주 |

○ 나무조사 (누적): 무피해나무 착과수조사 : 100개/주

실제결과 주수	미보상 주수	고사 주수	수확불능 주수	기수확 주수
200주	5주	10주	5주	0주

○ 낙과피해조사(전수조사)

낙과수	낙과피해구성율
3,800개	35%

○ 착과피해조사

• 착과피해구성율 48%

○ 기수확 과실수 5,700개

| | 우박 | 5.01 | 10.10 | |

2025년도 제11회
손해평가사 2차 국가자격시험

3회

교시	시험시간	시험과목
1교시	120분	① 농작물재해보험 및 가축재해보험의 이론과 실무 ② 농작물재해보험 및 가축재해보험 손해평가의 이론과 실무

수험번호		성명	

수험자 유의사항	1. **시험문제지 표지**와 시험문제지의 **총면수, 문제번호 일련순서, 인쇄상태** 등을 확인하시고, 문제지 표지에 수험번호와 성명을 기재하시기 바랍니다. 2. 수험자 인적사항 및 답안지 등 작성은 **반드시 검정색 필기구만을 계속 사용**하여야 합니다. (그 외 **연필류, 유색필기구, 2가지 이상 색 혼합사용 등으로 작성한 해당 답안은 0점 처리**됩니다.) 3. 문제번호 순서에 관계없이 답안 작성이 가능하나, **반드시 문제번호 및 문제를 기재**(긴 경우 요약기재 가능)하고 해당 답안을 기재하여야 합니다. 4. 답안 정정 시에는 **두 줄(=)을 긋고 다시 기재**하거나 **수정테이프를 사용**하시기 바라며, 수정액을 사용하여 수정할 경우 채점상의 불이익을 받을 수 있으므로 사용하지 마시기 바랍니다. 5. **감독위원의 지시에 불응하거나 시험시간 종료 후 답안지를 제출하지 않을 경우 불이익이 발생할 수 있음을 알려 드립니다.** 6. 시험문제지는 시험 종료 후 가져가시기 바랍니다.
공통 유의사항	○ 계산문제는 반드시 계산과정, 답, 단위를 정확히 기재 <부분점수 없음> ○ 계산과정에서 임의적인 반올림 또는 절사 금지 ○ 문제답안작성마다 답작성이 끝나면 "끝"이라고 기재할 것. ○ 전체답안작성이 끝나면 한 줄 띄고 "이하여백"이라 작성할 것.

※ 공통유의사항

○ 농업재해보험ㆍ손해평가의 이론과 실무를 기준으로 답안 작성

○ 계산문제는 반드시 계산과정, 답, 단위를 정확히 기재 <부분점수 없음>

○ 계산과정에서 임의적인 반올림 또는 절사 금지

농작물재해보험 및 가축재해보험의 이론과 실무

※ 다음 문제에 대해 답하시오. (1 ~ 5번 문제)

[문제 1] 농업재해보험ㆍ손해평가의 이론과 실무]에서 정하는 농업재해보험의 기능을 5개 이상 쓰시오. (5점)

[문제 2] 다음에서 설명하는 보험의 역기능을 쓰시오. (5점)

보험은 보험자가 계약자의 정보를 완전히 파악한 상태에서 설계하는 것이 가장 이상적이다. 따라서 보험자가 최대한 노력하여 계약자의 정보를 완전히 확보하려고 하지만 현실적으로 쉽지 않다. 보험자가 계약자에 대한 정보를 완전히 파악하지 못하고 계약자는 자신의 정보를 보험자에게 제대로 알려주지 않아 정보가 비대칭적으로 존재하는 정보 비대칭이 발생하면 이 역기능이 발생한다.

[문제 3] 「농업재해보험·손해평가의 요령」에서 정하는 용어의 정의이다. (　　　)를 알맞게 채우시오. (5점)

○ (　①　) : 두류(콩, 팥)의 꼬투리 형성기

○ 출수기 : 농지에서 전체 이삭이 (　②　) 정도 출수한 시점

○ 발아기 : 과수원에서 전체 눈이 (　③　) 정도 발아한 시기

○ 절단 : 나무의 주간부가 분리되거나 전체 주지·꽃(눈) 등의 (　④　) 이상이 분리된 상태

○ 꽃눈분화기 : 과수원에서 꽃눈분화가 (　⑤　) 정도 진행된 때

[문제 4] 「농업재해보험·손해평가의 이론과 실무」에서 정한 종합위험 원예시설 손해보장의 보험료 환급에 관한 설명이다. (   )에 들어가는 알맞은 내용을 쓰시오. (5점)

- 계약자 또는 피보험자의 책임 없는 사유에 의하는 경우 : 무효의 경우에는 납입한 계약자부담보험료의 전액, 효력상실 또는 해지의 경우 경과하지 않는 기간에 대하여 (①)로 계산한 계약자부담보험료를 반환한다.

- 계약자 또는 피보험자의 책임 있는 사유에 의하는 경우 : 이미 경과한 기간에 대하여 (②)로 계산된 보험료를 뺀 잔액. 다만 계약자, 피보험자의 고의 또는 중대한 과실로 (③)가 된 때에는 보험료를 반환하지 않는다.

- 보험기간이 (④)을 초과하는 계약이 무효 또는 효력상실인 경우에는 무효 또는 효력상실의 원인이 생긴 날 또는 해지일이 속하는 보험년도의 보험료는 위의 규정을 적용하고 그 이후의 보험년도 속하는 보험료는 (⑤) 돌려준다.

[문제 5] 다음 A, B, C 농지는 모두 인접한 농지이다. 통합하여 하나의 농지로 가입할 때 재배품목이 ① 조사료용 벼와 ② 사료용 옥수수인 경우 각 보험금을 구하시오. (단, 경작불능보험금의 지급 조건은 모두 충족한다.) (5점)

- A 농지 800㎡, B 농지 800㎡, C 농지 800㎡
- 보장생산비 1,500원/㎡
- 보장비율 40% 형
- 사고발생일이 속한 월 6월

※ 다음 서술형 문제에 대해 답하시오. (6 ~ 10번 문제)

[문제 6] 종합위험 과실손해보장방식에 가입한 오디 품목에 관한 다음 조건 Ⅰ~Ⅲ을 바탕으로 2025년의 ① <u>평년결실수와</u>, ② <u>과실손해보험금</u>을 구하시오. (결실수는 소수점 첫째 자리에서 반올림해 정수 단위로 하고(예 123.5개＝124개), 피해율은 %로 소수점 셋째 자리에서 반올림해 소수점 둘째 자리까지로 한다.(예 12.345%＝12.35%)) (15점)

○ 조건 Ⅰ. 계약사항

품종	표준수확량	가입주수	표준가격	자기부담비율
청일뽕	30kg/주	300주	7,000원/kg	15%

○ 조건 Ⅱ. 과거 5년 결실수 자료　　　　　　　　　　　　　　　　　　　　　　(단위. 개)

구분	2020	2021	2022	2023	2024
평년결실수	미가입	170	160	142	145
표준결실수	미가입	170	170	170	170
조사결실수	미가입	121	75	무사고	110

• 2025년 표준결실수 170개

○ 조건 Ⅲ. 2025년도 과실손해조사

• 조사결실수 90개/주	• 미보상비율 10%

[문제 7] 농업수입안정보장에 가입한 옥수수 품목에 관한 각 물음에 답하시오. (일원 단위 미만 첫째 자리에서 반올림하고.(예 1,234.5원＝1,235원), %는 소수점 첫째 자리에서 반올림하여 정수 단위로 한다.(예 12.5%＝13%)) (15점)

○ 연도별 농가수취비율

구분	2019	2020	2021	2022	2023
농가수취비율(%)	75	77	76	80	78

○ 연도별 평균가격(가입년도 2024년)

구분	2019	2020	2021	2022	2023	2024
연도별 평균가격 (원/kg)	5,400	5,000	5,200	4,800	4,700	기초통계기간 총 거래액 100,000,000원, 총 출하량 25,000kg

물음 1) 2024년의 가입 목적물의 기준가격을 구하시오. (5점)

- 기준가격 산출 시 과거 5년 : 2019년~2023년

물음 2) 2024년 가입 목적물의 수확기가격을 구하시오. (5점)

물음 3) 다음 2024년도의 수확량조사를 바탕으로 농업수입안정보장 보험금을 구하시오. (5점)

- 표준수확량 2,000kg
- 자기부담비율 : 20%
- 미보상감수량 없음
- 가입수확량 : 평년수확량 100%
- 피해수확량 600kg

[문제 8] 농작물재해보험에 가입한 각 품목의 다음 내용을 참조하여 물음에 답하시오. (단, 공통
사항의 항목에서 각 품목에 해당하는 것은 모두 적용한다. 제시된 조건 이외의 다른 사
항은 고려하지 않으며, 보험가입금액은 천원 단위 절사하고(예 1,234,000원
=1,230,000원), 모든 보험료는 일원 단위 미만은 절사한다.(예 123.5원=123원)) (15점)

○ 공통 사항

 • 가입가격·기준가격 5,000원/kg, 보장생산비 10,000원/㎡

 • 지역별 보통약관 영업요율 10%   • 손해율에 따른 할인율 -13%

 • 지역별 보통약관 순보험요율 9%   • 자기부담비율 10%

 • 부보장 특별약관 할인율 -5%   • 지방자치단체 지원율 30%

○ 양송이버섯(균상재배)

 • 연간 재배 예정인 다른 작물은 없음   • 버섯재배사(경량철골조)

 • 가입면적 600㎡   • 가입기간 : 9월~12월 (4개월)

○ 사과

 • 평년착과량 3,000kg

 • 서리피해를 방지하기 위해 급수용 스프링클러 설치

 • 개별지주 설치 : 나무주간부 곁에 파이프를 세우고 파이프 상단에 연결된 줄을 이용해 가지
  를 잡아주는 시설

 • 온풍기 설치

○인삼 해가림시설(보통약관. 인삼 1형)

 • 철재(허용적설심 및 허용풍속이 지역별 내재해형 설계기준 100% 이상~120% 미만)

 • 가입면적 1,000㎡, 시설비 7,200원/㎡

 • 가입 당시 경과년수 10년 6개월, 6년근 재배 중

물음 1) 양송이버섯 품목의 최소 보험가입금액을 기준으로 보통약관 영업보험료를 구하시오.

물음 2) 사과 품목의 총지원보험료를 구하시오.

물음 3) 인삼 해가림시설의 보통약관 영업보험료를 구하시오.

[문제 9] 다음 조건 Ⅰ~Ⅲ을 바탕으로 각 물음에 답하시오. (%는 소수점 셋째 자리에서 반올림해 둘째 자리까지로 하고(예 12.345＝12.35%), 금액은 일원 단위 미만에서 절사한다.(예 123.4원＝123원) 주어진 조건 외 다른 조건은 고려하지 않는다.) (15점)

○ 조건 Ⅰ. 계약사항 : 적과전 종합위험보장Ⅱ (사과)

• 평년착과량 4,000kg　　　　• 가입가격 6,000원/kg
• 보험료율 9%, 순보험료율 8%　　　　• 지방자치단체 지원율 35%
• 방재시설 방충망 설치
• 적과 종료 전 특정위험 5종 한정보장특별약관 가입(할인율 5%)
• 자기부담비율은 선택할 수 있는 최저 자기부담비율로 가입

○ 조건 Ⅱ. 3년간 순보험료 및 지급보험료 (2022년도 최초 가입)

구분	2022	2023	2024
순보험료	50만원	50만원	50만원
지급된 착과감소보험금	100만원	-	100만원
지급된 과실손해보험금	-	-	-

○ 조건 Ⅲ. 기타

• 기준수확량 3,600kg

<손해율 및 가입연수에 따른 할인·할증률>

손해율	평가기간				
	1년	2년	3년	4년	5년
60% 이상 80% 미만	-4%	-5%	-8%	-13%	-18%
80% 이상 120% 미만	-	-	-	-	-
120% 이상 150% 미만	3%	5%	7%	8%	13%
150% 이상 200% 미만	5%	7%	8%	13%	17%

물음 1) 차액보험료를 구하시오. (자기부담비율은 선택할 수 있는 최저 자기부담비율로 가입, 미납입
　　　　보험료 없음) (10점)

물음 2) 다음과 같은 경우 환급보험료를 구하시오. (5점)

• 환급보험료 발생 사유 : 계약자의 통지의무 해태로 인한 해지				
• 해지 시점 : 판매개시연도 7월				
• 해당 계약의 미경과비율 표				
4월	5월	6월	7월	8월
92%	86%	83%	64%	22%

[문제 10] 다음 조건 Ⅰ, Ⅱ를 바탕으로 물음에 답하시오. (단, 두 개 이상의 품종을 재배하거나 두 개 이상의 농지인 경우 통합하여 하나로 가입하며, 통합할 수 <u>없는</u> 경우 가입 가능한 농지만 가입한다.) (15점)

○ 조건 Ⅰ

농지	품목	내용
1	인삼	• 전년도에 2형 상품에 5년근으로 가입 후 올해 재가입하는 농지 • 설치 방재시설 : 관수시설
2	벼	• A 농지 : 보험가입금액 30만원 • B 농지 : A 농지와 인접, 보험가입금액 60만원 • 두 농지 모두 기계이앙과 일반재배방식으로 재배 • 자기부담비율 15%
3	매실	• 1,000㎡ 면적에 1,100주가 재식되어 있는 과수원 • 설치 방재시설 : 방상팬
4	블루베리	• 가입시점 기준 나무수령이 2년인 과수원 • 설치 방재시설 : 관수시설
5	감자(가을재배)	• 출현율 85%, 재식밀도 4,100주/10a로 수미 품종을 재배 중인 농지 • 설치 방재시설 : 관수시설

○ 조건 Ⅱ (공통 적용)

• 보험가입금액 1,000만원 (2번 농지 제외하고 적용)

• 보통약관 영업요율 10%

• 보통약관 순보험료율 9%

• 손해율에 다른 할인·할증률 없음

물음 1) 각 품목의 농작물재해보험에의 ① <u>가입(인수) 가능 또는 제한 여부</u> 및 ② <u>그 이유</u>를 쓰시오. (10점)

물음 2) 가능한 품목의 정부지원보험료를 구하시오. (5점)

※ 다음 문제에 대해 답하시오. (11 ~ 15번 문제)

[문제 11] 다음 조건을 기준으로 각 품목의 경과비율을 산출하시오. (단, 아래의 표준수확일수는 「농작물 재해보험 및 가축재해보험 손해평가의 이론과 실무」를 기준으로 하며, 비율(%)은 소수점 셋째 자리에서 반올림하여 소수점 둘째 자리까지로 한다. (예 12.345%＝12.35%)) (5점)

	보장방식	품목	조사내용
①	원예시설 손해보장	배추	수확기 중 사고 수확일수 46일, 표준수확일수 50일 실제 수확개시일부터 수확종료일까지의 일수 48일
②	버섯 손해보장	표고버섯 (톱밥배지재배)	수확기 이전 사고 생장일수 30일

[문제 12] 다음은 종합위험 수확감소보장 상품에 가입한 밤 품목에 관한 내용이다. 각 물음에 답하시오. (5점)

- 재배 품종 : A 품종 (1품종 재배 중)
- 과중조사 결과 : 과립 지름이 30mm 초과 과실 2,000g, 30mm 이하 과실 1,400g
- 수확개시 후 수확량조사 : 착과피해구성조사 및 낙과피해구성 조사 결과

조사대상주수	착과수, 낙과수 조사	피해구성조사
100주	표본주당 착과수 150개 표본주당 낙과수 30개	금차 착과피해구성율 40% 금차 낙과피해구성율 20%

물음 1) 과중 조사를 위해 추출한 농지의 최소 표본 과실수를 쓰시오. (1점)

물음 2) 물음 1)의 최소 표본과실수를 적용하여 개당 과중을 구하시오. (단위. g) (1점)

물음 3) 물음 2)의 개당 과중 및 수확개시 후의 착과피해, 낙과피해 조사결과를 바탕으로 금차 감수량을 구하시오. (kg 단위로 소수점 첫째 자리에서 반올림하며(📷 123.5kg=124kg), 다른 조건은 고려하지 않는다) (3점)

[문제 13] 농작물재해보험의 가입대상인 다음 품목에 관한 물음에 답하시오. (단, 물음 1과 2의 답에 중복되는 품목이 있는 경우, 물음 1과 2에 모두 쓰는 것으로 한다.) (5점)

메밀, 차, 보리, 당근, 팥, 단호박

물음 1) 위의 품목 중 규격의 테 또는 원형을 이용해 조사할 수 있는 품목을 모두 쓰시오.

물음 2) 위의 품목 중 가로와 세로를 구획하여 조사하는 품목을 모두 쓰시오.

[문제 14] 다음은 가축재해보험에서 정하는 보험사기의 성립 요건에 관한 내용이다. ( )를 알맞게 채우시오. (5점)

• 계약자 또는 보험 대상자에게 (①)가 있을 것
• (②)가 있을 것
• 상대방인 보험자가 (③)에 빠지는 것
• 상대방인 보험자가 (③)에 빠져 그 결과 (④)를 한 것
• 사기가 (⑤)일 것

[문제 15] 동일한 계약의 보험 목적과 동일한 사고에 관하여 다음과 같이 보험이 계약되어 있다. 물음에 답하시오. (단, 일부보험의 경우 비례보상을 적용하며, 주어진 조건 외 다른 것은 고려하지 않는다. 금액은 천원 단위에서 반올림하여 만원 단위로 한다. (예 1,235,000원＝1,240,000원)) (5점)

보험가입금액	A사 4천만원, B사 5천만원
보험가액	5천만원
손해액	1천만원

물음 1) 각 사의 지급보험금의 계산 방법이 같은 경우 각 사가 지급할 보험금을 구하시오. (2점)

물음 2) 각 사의 지급보험금의 계산 방법이 다른 경우 각 사가 지급할 보험금을 구하시오. (3점)

※ 다음 서술형 문제에 대해 답하시오. (16 ~ 20번 문제)

[문제 16] 가축재해보험 돼지와 축사 부문에 가입한 농가에 관한 다음 조건 Ⅰ~Ⅲ을 바탕으로 물음에 답하시오.(15점)

○ 조건 Ⅰ. 계약사항

부문	보험가입금액	가입 형태	자기부담비율
돼지	30,000,000원	일괄 가입	10%
축사	10,000,000원	포괄 가입	10%

○ 조건 Ⅱ. 사고 내용. 화재

부문	보험가액	폐사 현황	잔존물 처리비용
돼지	35,000,000원	모돈 5두, 비육돈 10두, 포유자돈 20두	500,000원

부문	보험가액	손해액	잔존물 제거비용
축사	12,000,000원	4,000,000원	500,000원

○ 조건 Ⅲ. 참고

- 비육돈 지육단가 3,300원/kg
- 폐사 비육돈 실측 중량 110kg 이상
- 평균돈육대표가격 4,400원/kg(사고 당일 포함 직전 5영업일)
- 30kg 자돈 가격 150,000원/두
- 자돈 가격 : 포유자돈 100,000원/두, 이유자돈 150,000원/두

<비육돈 지육단가 범위 종빈돈 가격 (단위. 원)>

비육돈 지육단가(원/kg)	종빈돈 가격	비육돈 지육단가(원/kg)	종빈돈 가격
3,150~3,249	480,000	3,350~3,449	500,000
3,250~3,349	490,000	3,450~3,549	510,000

물음 1) 돼지 부문의 지급보험금을 구하시오. (10점)

물음 2) 축사 부문의 지급보험금을 구하시오. (5점)

[문제 17] 종합위험 수확감소보장 논작물에 관한 다음 조건 Ⅰ~Ⅲ을 바탕으로 물음에 답하시오. (㎡당 중량은 kg 단위로 소수점 셋째 자리에서 반올림해 소수점 둘째 자리까지로 하고(예 1.235kg=1.24kg), 피해율은 %로 소수점 셋째 자리에서 반올림해 소수점 둘째 자리까지로 한다.(예 12.345%=12.35%)) (15점)

○ 조건 Ⅰ. 계약사항 (평년수확량 100% 가입, 병해충보장 특별약관 가입)

품목	보험가입금액	평년수확량	가입면적	자기부담비율
벼(분질미)	3,400,000원	2,800kg	3,500㎡	15%

○ 조건 Ⅱ. 수확량조사. 보장하는 재해 확인(흰잎마름병 단독사고)

조사대상면적	표본구간		타작물면적	기수확면적	조사함수율	미보상비율
3,000㎡	작물 중량 1,200g	표본구간 면적 합계 3㎡	500㎡	0㎡	16%	10% (병해충 상태)

○ 조건 Ⅲ. 수확불능확인조사

- 수확불능 대상 조사 : 제현율 68%
- 계약자는 수확불능보험금 신청
- 산지폐기로 시장으로 유통되지 않음 확인

물음 1) 위 농지의 수확감소보험금을 구하시오. (5점)

물음 2) 만일, 위 농지가 수확감소보험금이 아닌 수확불능보험금을 신청한다면, 수확포기 여부를 확인할 수 있는 경우를 모두 쓰시오. (5점)

물음 3) 위 농지의 수확불능보험금 지급의 ① 대상 여부를 쓰고, ② 대상인 경우 수확불능보험금을 구하시오. (단, 위의 수확량조사 내용 및 물음 1은 고려하지 않는다.) (5점)

[문제 18] 특정위험방식 인삼 및 종합위험방식 인삼 해가림시설에 관한 다음 조건 Ⅰ~Ⅲ을 참조하여 물음에 답하시오. (단, ㎡당 미보상감수량과 수확량, 피해율은 소수점 셋째 자리에서 반올림해 소수점 둘째 자리까지로 한다.(예 12.345kg(%)=12.35kg(%)))

○ 조건 Ⅰ. 계약사항 [인삼]

품목	유형	보험가입금액	재배(가입)면적	자기부담비율
인삼. 4년근	2형	15,000,000원	1,000㎡	10%

○ 조건 Ⅱ. 계약사항 [해가림시설. 제조달가액보장 특별약관 가입]

재배(가입)면적	보험가입금액	재료 유형	최초구조체 설치	최초구조체 구입	가입
1,000㎡	9,500,000원	철재	2018. 10.	2018.08	2025. 10.

○ 조건 Ⅲ. 조사 내용 [재해종류. 화재. 사고 2025. 12]

조사종류	기준수확량	금차 수확면적	총수확량	미보상비율
인삼 수확량조사	0.71kg/㎡	400㎡	160kg	10%
조사종류	피해면적		재조달가액	수리·복구 여부
해가림시설 손해조사	400㎡		9,500원/㎡	수리·복구되지 않음

(1) 인삼의 지급보험금을 구하시오. (5점)

(2) 해가림시설의 지급보험금을 구하시오. (10점)

[문제 19] 종합위험 수확감소보장 복숭아 품목에 관한 다음 각 물음에 답하시오. (15점)

물음 1) 복숭아 품목의 피해인정계수에 따른 과실 분류를 쓰시오. (5점)

물음 2) 다음 조건 Ⅰ, Ⅱ를 바탕으로 보험금을 구하시오. (피해율은 %로 소수점 셋째 자리에서 반올림해서 둘째 자리까지로 하고(예 12.345%＝12.35%), 수확량 및 감수량 등은 kg 단위로 소수점 첫째 자리에서 반올림한다.(예 123.5kg＝124kg)) (10점)

○ 조건 Ⅰ. 계약사항

품종	보험가입금액	평년수확량	가입주수	자기부담비율	가입 특별약관
A (1 품종)	6,000만원	8,000kg	100주	20%	-

○ 조건 Ⅱ. 수확량조사 (과중조사 및 착과·낙과피해조사의 표본과실수는 각 조사에서 정한 농지당 최소 과실수이다. 이를 기준으로 개당 과중을 구하고, 아래 ①과 ②를 채워 착과·낙과피해구성률과 병충해 착과·낙과피해구성률을 산출한다.)

○ 수확 전 착과수 조사(착과수 조사 전 피해사실이 인정되지 않은 농지)

착과수 합계 30,000개	미보상주수 5주

○ 사고 접수 : 착과피해 및 낙과피해 접수. 보상하는 재해 확인(태풍＋세균구멍병)

○ 과중 조사 : 표본과실수 무게 합계 10,000g

○ 착과피해조사 : 착과수 합계 26,000개

정상	50%형	80%형	100%형	병충해
10개	10개	0개	10개	①

○ 낙과피해조사 : 낙과수 합계 3,000개

정상	50%형	80%형	100%형	병충해
0개	20개	0개	20개	②

○ 나무 피해 없음, 미보상비율 10%

[문제 20] 적과전 종합위험보장Ⅱ에 가입한 다음 과수원의 ① <u>착과감소보험금</u>과 ② <u>과실손해</u>
<u>보험금</u>을 각각 구하시오. (과실수 및 주당 평년수확량은 소수점 첫째 자리에서 반올림해 정수 단위로 하고(例 123.5개(kg)=124개(kg)), 피해율은 %로 소수점 셋째 자리에서 반올림해 소수점 둘째 자리까지로 한다.(例 12.345%=12.35%)) (15점)

○ 조건 Ⅰ. 계약사항

품목	평년착과수	가입 특별약관		표준수확량
사과	100,000개	-		A 품종 18,000kg B 품종 16,000kg
가입가격	가입과중	자기부담비율	착과감소보험금	가입주수
7,000원	300g	10%	보장수준 70%	375주 A 품종 200주 B 품종 175주

○ 조건 Ⅱ. 조사내용

구분	재해	사고	조사	내용
계약 24시~ 적과 종료전	화재	06.01	06.02	• 피해사실확인조사 : 화재로 인한 일부 나무에 국한된 피해 확인 • 나무조사 : 일부피해주수 A 품종 22주 표 아래 참조 • 미보상비율 10%
적과 종료 시점	-	-	06.28	• 적과후착과수 조사 : A품종+B품종. 85,000개 • 화재 사고 시 실시한 나무조사 결과와 동일함 • 미보상비율 조사 10%

품종	실제결과주수	미보상주수	고사주수	수확불능주수
A	200	0	20	25
B	175	5	0	5

| 적과
종료
이후
~
수확기
종료
시점 | 태풍,
집중
호우 | 08.10 | 08.11 | • 낙과피해조사(전수조사)
 - 총 낙과수 4,000개. 낙과피해구성율 50%
• 나무피해조사 |

• 나무피해조사

품종	조사결과
A	• 고사주수 10주 • 무피해나무 1주당 착과수 200개
B	• 일부침수주수 50주 • 일부침수나무 1주당 침수착과수 100개

2025년도 제11회
손해평가사 2차 국가자격시험

4회

교시	시험시간	시험과목
1교시	120분	① 농작물재해보험 및 가축재해보험의 이론과 실무 ② 농작물재해보험 및 가축재해보험 손해평가의 이론과 실무

수험번호		성명	

| 수험자
유의사항 | 1. **시험문제지 표지**와 시험문제지의 **총면수, 문제번호 일련순서, 인쇄상태** 등을 확인하시고, 문제지 표지에 수험번호와 성명을 기재하시기 바랍니다.
2. 수험자 인적사항 및 답안지 등 작성은 **반드시 검정색 필기구만을 계속 사용**하여야 합니다. (**그 외 연필류, 유색필기구, 2가지 이상 색 혼합사용 등으로 작성한 해당 답안은 0점 처리**됩니다.)
3. 문제번호 순서에 관계없이 답안 작성이 가능하나, **반드시 문제번호 및 문제를 기재**(긴 경우 요약기재 가능)하고 해당 답안을 기재하여야 합니다.
4. 답안 정정 시에는 **두 줄(=)을 긋고 다시 기재**하거나 **수정테이프를 사용**하시기 바라며, 수정액을 사용하여 수정할 경우 채점상의 불이익을 받을 수 있으므로 사용하지 마시기 바랍니다.
5. **감독위원의 지시에 불응하거나 시험시간 종료 후 답안지를 제출하지 않을 경우 불이익이 발생할 수 있음을 알려 드립니다.**
6. 시험문제지는 시험 종료 후 가져가시기 바랍니다. |
| 공통
유의사항 | ○ 계산문제는 반드시 계산과정, 답, 단위를 정확히 기재 <부분점수 없음>
○ 계산과정에서 임의적인 반올림 또는 절사 금지
○ 문제답안작성마다 답작성이 끝나면 "끝"이라고 기재할 것.
○ 전체답안작성이 끝나면 한 줄 띄고 "이하여백"이라 작성할 것. |

※ 공통유의사항
○ 농업재해보험ㆍ손해평가의 이론과 실무를 기준으로 답안 작성
○ 계산문제는 반드시 계산과정, 답, 단위를 정확히 기재 <부분점수 없음>
○ 계산과정에서 임의적인 반올림 또는 절사 금지

농작물재해보험 및 가축재해보험의 이론과 실무

※ 다음 문제에 대해 답하시오. (1 ~ 5번 문제)

[문제 1] 「농업재해보험ㆍ손해평가의 요령」에서 정하는 보험의 성립 조건 중 5개를 쓰시오. (5점)

[문제 2] 「농업재해보험ㆍ손해평가의 요령」에서 정하는 농업재해보험의 특징 5개를 쓰시오.
(5점)

[문제 3] 종합위험 수확감소보장방식에 가입한 감귤(만감류) 재배 과수원의 계약사항과 설치된 방재시설이 다음과 같은 경우 보통약관 보험료를 구하시오. (다른 것은 고려하지 않는다.)(5점)

○ 계약사항
- 보험가입금액 : 2,000만원
- 지역별 보통약관 보험료율 7%, 손해율에 따른 할인·할증률 없음, 가입 특별약관 없음

○ 방재시설
- 서리방지용 미세살수장치 : 서리피해를 방지하기 위해 설치된 살수량 $0.5 \sim 0.8\ell/㎡$의 미세살수장치
- 타이벡 멀칭 : 전부 설치
- 방조망 : 망구멍의 가로 및 세로가 10㎜를 초과하고 새의 입출이 불가능한 그물. 과수원 전체의 위와 측면을 덮도록 설치

[문제 4] 종합위험 수확감소보장에 가입한 다음 품목의 보험기간에 관한 빈칸을 채우시오. (5점)

품목(보장)	보장개시	보장종료
마늘 (재파종보장)	계약체결일 24시 다만, 조기파종 보장 특약 가입 시 해당 특약 보장종료 시점	판매개시연도 (①)
콩 (경작불능보장)	계약체결일 24시	(②) 전
수박 (경작불능보장)	정식완료일 24시 다만, 보험계약 시 정식완료일이 경과한 경우에는 계약체결일 24시. 정식완료일은 판매개시연도 (③)을 초과할 수 없음	수확 개시 시점
감자(봄재배) (수확감소보장)	파종완료일 24시 다만, 보험계약 시 파종완료일이 경과한 경우에는 계약체결일 24시	수확기 종료 시점 다만, 판매개시연도 (④)을 초과할 수 없음
차(茶) (수확감소보장)	계약체결일 24시	햇차 수확종료시점 다만, 이듬해 (⑤)을 초과할 수 없음

[문제 5] 다음은 농작물재해보험에서 규정하는 보험 대상 과수의 인수 제한 목적물과 가입 기준에 관한 내용이다. 인수 가능인 경우 ○, 제한인 경우 X를 쓰시오. (5점)

① 사과 품목(밀식 재배) : 2022년도에 접목 2년 차 묘목 구입 및 식재했고 2025년도에 농작물재해보험에 가입

② 복숭아 품목 : 평년수확량 1,000kg의 50%를 가입수확량으로 하는 과수원으로 보험가입 직전년도에 균핵병이 발생한 과수원. 가입가격 5,000원/kg

③ 자두 품목 : 250㎡에서 300주를 재배 중인 과수원

④ 배 품목 : 시설에서 재배하는 가입 특별약관이 없는 과수원

⑤ 두릅 품목 : 보험가입년도 봄에 전체 나무를 식재한 1주당 재배면적이 3㎡인 과수원

※ 다음 서술형 문제에 대해 답하시오. (6 ~ 10번 문제)

[문제 6] 종합위험 원예시설 손해보장에 가입한 시설작물에 관한 다음 조건을 바탕으로 물음에 답하시오. (최종 산출된 환급보험료는 일원 단위 미만 첫째 자리에서 반올림한다.(예 1,234.5원＝1,235원)) (15점)

○ 조건. 계약사항

• 재배작물 : 파프리카
• 보험가입기간 : 2024년 2월~2025년 1월. 365일
• 계약자부담보험료 : 115,020원

물음 1) 계약자 또는 피보험자의 책임없는 사유로 해지하는 경우의 환급보험료를 구하시오. (5점)
  • 해지 시점 : 계약체결 후 182일째(잔여일수 183일), 미경과비율 50%

물음 2) 계약자 또는 피보험자의 책임있는 사유로 해지하는 경우의 환급보험료를 구하시오. (5점)
  • 해지 시점 : 2024년 5월(4개월 경과), 미경과비율 60%

물음 3) 농작물재해보험에서 정하는 보험료의 환급 시 '계약자 또는 피보험자의 책임있는 사유'를 모두 쓰시오. (5점)

[문제 7] 종합위험 과실손해보장 감귤(온주밀감류) 상품에 가입한 농지에 관한 다음 조건 Ⅰ ~Ⅲ을 바탕으로 물음에 답하시오. (단위(kg)는 소수점 첫째 자리에서 반올림하여 정수 단위로 하고(**예** 123.5kg＝124kg), 피해율(%)은 소수점 셋째 자리에서 반올림하여 소수점 둘째 자리까지로 한다.(**예** 12.345%＝12.35%)) (15점)

○ 조건 Ⅰ. 2025년도 계약사항

- 가입(표준)가격 : 8,000원/kg
- 자기부담비율 : 20%
- 가입수확량 : 평년수확량 100%

○ 조건 Ⅱ. 평년수확량 산출 자료(단위. kg)

구분	2020	2021	2022	2023	2024	2025
평년수확량	5,000	4,800	4,400	4,050	3,700	
표준수확량	5,000	5,000	5,000	5,000	5,000	5,000
보험가입 여부	가입	가입	가입	가입	가입	
보통약관 사고 여부 피해율	무사고 -	유사고 20%	유사고 30%	유사고 42%	무사고	
수확기 동상해보장(특) 동상해 피해율 수확기 잔존비율	가입 30% 37%	가입 50% 35%	가입 무사고 -	미가입 - -	미가입 - -	

- 수확기 잔존비율 : 동상해 사고 시의 수확기 잔존비율

○ 조건 Ⅲ. 과실손해조사(수확 전 사고 없음)

- 2025년도 과실손해조사 : 미보상비율 10%

	정상	30% 피해과	50% 피해과	80% 피해과	100% 피해과
등급 내	30	40	-	-	60
등급 외	-	40	-	-	30

물음 1) 2025년도 보험가입을 위한 평년수확량을 구하시오. (10점)

물음 2) 조건 Ⅱ를 바탕으로 2025년도의 보통약관 과실손해보험금을 구하시오. (5점)

[문제 8] 농작물재해보험 농업수입안정보장에 가입한 양파 품목에 대한 다음 조건 Ⅰ, Ⅱ를 바탕으로 물음에 답하시오. (피해율은 %로 소수점 셋째 자리에서 반올림해 소수점 둘째 자리까지로 한다.(**예** 12.345%＝12.35%)) (15점)

○ 조건 Ⅰ. 계약사항 및 수확량조사 내용 (가입연도 2024년)

평년수확량	가입수확량	자기부담비율	조사수확량	미보상감수량
1,000kg	1,000kg	20%	600kg	40kg

- 보상하는 재해 확인됨

○ 조건 Ⅱ. 연도별 평균값

(단위. 원/kg)

연도	2020	2021	2022	2023	2024	2025
중품 평균가격	9,000	8,200	10,500	9,600	10,000	9,000
상품 평균가격	11,000	9,500	12,100	11,000	12,000	10,400

- 과거 5년 농가수취비율의 올림픽 평균값 82%
- 과거 5년은 2020~2024년으로 한다.

물음 1) 2024년 보험에 가입한 양파의 기준가격과 수확기가격을 구하시오. (일원 단위 미만에서 절사한다.(**예** 1,234.5원＝1,234원) (5점)

물음 2) 2024년 보험에 가입한 양파의 농업수입안정보장 보험금을 구하시오. (5점)

물음 3) 농업수입안정보장 양파 품목의 기초통계와 인수 제한 목적물에 관한 다음 (   )를 알맞게 채우시오. (5점)

○ 기준가격과 수확기 가격은 보험에 가입한 양파 품종의 숙기에 따라 (　①　)으로 구분하여 산출한다.

○ (　②　)을 혼식한 농지는 인수 제한

○ 재식밀도가 (　③　)인 농지는 인수 제한

○ (　④　) 이전 정식한 농지는 인수 제한

○ 양파 식물체가 똑바로 정식되지 않은 농지((　⑤　) 이하로 정식된 농지)는 인수 제한

[문제 9] 다음은 농작물재해보험 및 가축재해보험에 가입한 농가에 관한 내용이다. 다음 각 계약자(농가)에 대한 정부 지원보험료를 구하시오. (15점)

계약자	보험의 목적	내용
1. A	배	• 영업보험료 100만원 • 자기부담비율 10%, 영업보험료율 10%, 순보험료율 9%
2. B	벼(조곡)	• 영업보험료 500,000원, 순보험료 450,000원 • 자기부담비율 15%
3. C	말(국산)	• 보험가입금액 1억원 • 영업보험료율 5%

[문제 10] 다음 물음 1, 2의 ① <u>인수 제한 여부</u> 및, ② <u>인수 가능 또는 제한의 이유</u>를 쓰고, ③ <u>가능한 시설의 보험가입금액</u>을 구하시오. (**예** 물음 1. ① 인수 제한 또는 가능 ② 가능 또는 불가능의 이유 ③ 가능한 경우 보험가입금액 산정. 가능하지 않은 경우 '산정 불가'로 기재. 보험가입금액은 천원 단위 절사하며, 필요할 경우 %는 소수점 첫째 자리까지로 한다. 주어진 조건 외 다른 조건은 고려하지 않는다) (15점)

물음 1) 비가림과수 손해보장의 비가림시설 (5점)

- 재배 품목 : 포도
- 비가림시설 : 1단지 3개 동
- 길이 - 30m, 폭 - 가입할 수 있는 최소 폭, 동고 - 2.8m (3개 동 모두 동일함)
- 재조달가액 : 8,000원/㎡
- 보험가입금액 : 최소 비율로 가입

물음 2) 종합위험 원예시설 손해보장 농업용 시설물 (10점)

- 가입 특별약관 : 없음
- 농업용 시설물 : 고정식 단동하우스. 가입면적 - 최소 가입 기준 면적과 동일함
- 250㎡에서 시설작물 재배 중
- 재조달가액 : 50,000원/㎡, 구조체 경과년수 5년
- 보험가입금액 : 산정된 기준 보험가입금액의 100%로 가입

※ 다음 문제에 대해 답하시오. (11 ~ 15번 문제)

[문제 11] 농작물재해보험에 가입한 각 농지의 (   )를 알맞게 채우시오. (5점)

○ 적과전 종합위험보장. 사과. 3 품종 : 착과피해조사 – 농지당 최소 표본주수 (①   )

○ 종합위험 수확감소보장. 자두. 2 품종 : 낙과피해조사 – 농지당 최소 표본과실수 (②   )

○ 종합위험 수확감소보장. 매실. 1 품종 : 과중조사(절반조사). 표본주수 12주. 표본주 조사착과량 합계 90kg. 품종별 비대추정지수 1.511 – 주당 착과량 (③   )

○ 종합위험 과실손해보장방식. 감귤(온주밀감류) : 동상해 과실손해조사 – 가입면적을 기준으로 최소 표본주수 (④   )

○ 종합위험 과실손해보장방식. 오디 : 과실손해조사 – 표본주수 9주. 표본가지별 가지 길이 및 결실수 조사 – 최소 표본가지수 (⑤   )

[문제 12] 다음은 가축재해보험에서 정하고 있는 보험금 지급의 면·부책 판단에 관한 내용이다. (   )를 알맞게 채우시오. (5점)

보험금 지급의 면·부책 판단은 (①   )의 내용에 따르며, 보험금 청구서류 서면심사 및 손해조사 결과를 검토하여 (①   )의 보상하는 손해에 해당되는지 그리고 보상하지 아니하는 손해에 해당하지는 않는지 판단하게 되며 면·부책 판단의 요건은 다음과 같다.

○ 보험기간 내에 보험약관에서 (②   )하는 사고인지 여부

○ 원인이 되는 사고와 결과적인 손해 사이의 (③   ) 여부

○ 보험사고가 상법과 보험약관에서 정하고 있는 (④   )에 해당되는지 여부

○ 약관에서 보상하는 손해 및 보상하지 아니하는 손해 조항 이외에도 (⑤   ) 위반 효과에 의거 손해보상책임이 달라질 수 있으므로 주의

[문제 13] 종합위험 생산비보장(노지 밭작물) 상품에 가입한 메밀 품목의 생산비보장 보험금을 구하시오. (피해율은 %로 소수점 셋째 자리에서 반올림해 소수점 둘째 자리까지로 한다. (**예** 12.345%＝12.35%)) (5점)

○ 조건 Ⅰ. 계약사항

보험가입금액	재배면적	자기부담비율
7,000,000원	7,000㎡	10%

○ 조건 Ⅱ. 보장하는 재해로 인한 피해 확인

피해면적	손해정도비율조사(표본구간 8구간)			
	표본구간 조사(단위. 1구간＝1㎡)			
	표본구간	손해정도	표본구간	손해정도
도복 1,000㎡ 도복 외 1,000㎡	1	41~60%	5	21~40%
	2	21~40%	6	41~60%
	3	41~60%	7	41~60%
	4	61~80%	8	61~80%

• 미보상비율 10%

[문제 14] 종합위험 수확감소보장 벼(조곡) 상품에 가입한 농지에 대한 재이앙·재직파 조사에서의 피해면적 판정 기준을 쓰시오. (5점)

[문제 15] 종합위험 수확감소보장 상품에 가입한 양파 품목의 다음 조건을 바탕으로 수확량을 산출하시오. (표본구간 ㎡당 수확량(kg)은 소수점 셋째 자리에서 반올림하여 소수점 둘째 자리까지로 한다.(**예** 1.235kg=1.24kg)) (5점)

○ 조건. 계약사항 및 수확량조사

㎡당 평년수확량	조사대상면적	타작물 및 미보상면적	수확적기까지의 잔여일수
1kg	1,500㎡	200㎡	14일

표본구간 내 작물 조사			표본구간 면적조사(4구간)
정상 작물 2kg	80% 피해형 3kg	100% 피해형 1kg	구간당 동일 • 이랑 길이 조사 : 5주 150cm, 3주 90cm • 이랑 폭 조사 : 2m

• 표본구간 면적은 최소면적을 기준으로 산정한다.

※ 다음 서술형 문제에 대해 답하시오. (16 ~ 20번 문제)

[문제 16] 농작물재해보험 원예시설 손해보장에 가입한 다음 농가의 조건 Ⅰ~Ⅲ을 바탕으로 ① <u>생산비보장 보험금</u>과 ② <u>농업용 시설물의 보험금</u>을 구하시오. (피해율, 경과비율 등은 %로 소수점 셋째 자리에서 반올림해 소수점 둘째 자리까지로 하고(예 12.345%=12.35%), 보험금은 일원 단위 미만에서 절사한다.(예 123.5원=123원)) (15점)

○ 조건 Ⅰ 계약사항 (시설작물 및 농업용시설물 가입일자 2025. 02)

시설 작물	품목	재배방식	보장생산비	가입면적	보험가입금액
	카네이션	재절화 재배	15,300원/㎡	600㎡	4,590,000원
농업용 시설물	고정식	보험가입금액	가입면적		가입 특별약관
	연동 하우스	16,500,000원	600㎡		-

○ 조건 Ⅱ. 조사내용(태풍 사고. 사고년월 2025. 08)

카네이션	수확기 이전 사고	재배면적 600㎡	피해면적 100㎡	• 손해정도비율 50% • 미보상비율 0%
연동하우스	구조체 취득년월 2019. 03	피해면적 및 ㎡당 시설비		잔존물 제거비용 350,000원
		구조체 100㎡ 40,000원/㎡	피복재 100㎡ 피복재(장수 PE) 10,000원/㎡	

○ 조건 Ⅲ. 기타

• 카네이션 : 표준생장일수 150일, 표준수확일수 224일
• 사고일자 : 정식일부터 90일째 되는 날

[문제 17] 종합위험보장 논작물 상품에 가입한 농지에 관한 다음 각 물음에 답하시오. (단, 수
확량 및 미보상감수량은 kg 단위로 소수점 첫째 자리에서 반올림하며(예
123.5kg＝124kg), ㎡당 유효중량 및 피해율(%)은 소수점 셋째 자리에서 반올림하
여 소수점 둘째 자리까지로 한다.(예 12.345kg(%)＝12.35kg(%)))(15점)

물음 1) 다음 조건을 바탕으로 벼(조곡. 찰벼)의 수확감소보험금을 구하시오.

○ 계약사항 : 실제경작면적 10,000㎡, 평년수확량 5,000kg, 보험가입금액 600만원, 자기부담
   비율 15%

○ 수확량조사 : 동일에 농지 복수의 조사방법 실시
   • 전수조사 : 작물 중량 2,800kg, 타작물 및 미보상면적 200㎡, 기수확면적 0㎡, 조사함수율
     15%, 미보상비율 5%
   • 피해율 : 수량요소조사 40%, 표본조사 43%

물음 2) 다음 조건을 바탕으로 귀리의 수확감소보험금을 구하시오.

○ 계약사항 : 실제경작면적 10,000㎡, 평년수확량 6,000kg, 보험가입금액 500만원, 자기부담
   비율 20%

○ 수확량조사 : 표본조사. 산파재배
   • 면적 확인 : 실제경작면적 10,000㎡, 타작물 및 미보상면적·기수확면적 없음, 수확불능(고
     사)면적 3,000㎡
   • 표본면적 작물 중량합계 1kg, 표본면적 구간수 7구간, 조사함수율 18%
   • 미보상비율 10%

물음 3) 다음 조건을 바탕으로 벼(조곡. 분질미)의 경작불능보험금을 구하시오.

○ 계약사항 : 실제경작면적 10,000㎡, 보험가입금액 500만원, 자기부담비율 20%

○ 경작불능조사 : 수확불능(고사)면적 6,100㎡
   • 다른 조건은 고려하지 않는다.

[문제 18] 다음은 종합위험 수확감소보장방식 감자(고랭지재배)에 관한 내용이다. 다음 조건 Ⅰ, Ⅱ를 바탕으로 물음에 답하시오. (단, ㎡당 수확량 및 피해율은 소수점 셋째 자리에서 반올림해서 소수점 둘째 자리까지로 하고(예 12.345kg(%)=12.35kg(%)) 병충해 감수량, 수확량, 미보상감수량은 소수점 첫째 자리에서 반올림해서 정수 단위로 한다.(예 123.5kg=124kg)) (15점)

○ 조건 Ⅰ. 계약사항

품목	보험가입금액	실제경작면적	평년수확량	자기부담비율
감자 (고랭지재배)	7,500,000원	2,000㎡	2,500kg	15%

○ 조건 Ⅱ. 수확량조사

재해 종류	실제경작면적	수확불능(고사) 면적	타작물 및 미보상면적	기수확면적
냉해	2,000㎡	400㎡	100㎡	0㎡

표본구간 수확량 합계 4kg	표본구간 면적	손해정도비율
정상 1kg, 50% 형 피해감자 1kg 병충해 괴경 무게 2kg (무름병)	합계 6㎡	50%

• 미보상비율 10%

(1) 감자(고랭지재배)의 수확량조사 적기를 쓰시오. (3점)

(2) 무름병과 감자 병충해 등급별 인정비율이 동일한 병해 2개를 쓰시오. (2점)

(3) 수확감소보험금을 구하시오. (10점)

[문제 19] 가축재해보험 소(육우) 부문에 가입한 농가의 다음 내용을 참고하여 물음에 답하시오. (15점)

- 보험가입금액 500만원. 자기부담비율 20%
- 부상으로 인한 긴급 도축
- 사고 소 월령 : 28개월
- 사고 전전월 젖소 수컷 500kg 해당 전국 산지평균가격 : -
- 전전월 전국도매시장 지육평균가격 : 17,241원/kg
- 도축장발행 사고소의 도체(지육)중량 200kg
- 축산물품질평가원에서 고시하는 사고일 기준 사고소의 등급에 해당하는 전국평균가격 : 15,000원

물음 1) 보험가액을 구하시오. 단, 일원 단위 미만 첫째 자리에서 반올림한다. (예 1,234.5원＝1,235원) (5점)

물음 2) 보험금을 구하시오. (5점)

물음 3) 계약자는 보험목적물인 소가 수용되어 있는 축사를 증축하였고 이를 보험자에게 통지하였다. 이 경우, 보험자가 취할 수 있는 조치를 모두 쓰시오. (5점)

[문제 20] 적과전 종합위험보장Ⅱ에 가입한 단감 품목에 관한 다음 조건 Ⅰ, Ⅱ를 바탕으로 ① **착과감소보험금**, ② **과실손해보험금**을 구하시오. (나무수, 과실수, 감수량은 소수점 첫째 자리에서 절사하여 정수 단위로 하고(**예** 12.5개(kg)=12개(kg)), 모든 비율은 %로 소수점 셋째 자리에서 절사하여 소수점 둘째 자리까지로 한다.(**예** 12.345%=12.34%)) (15점)

○ 조건 Ⅰ. 계약사항

품목	보험가입금액	평년착과량	가입주수	가입 과중	가입가격
단감(부유)	900만원	3,000kg	100주	200g	3,000원
자기부담비율	착과감소보험금 보장수준		가입 특별약관		
15%	50%		적과 종료 전 특정위험 5종 한정보장		

○ 조건 Ⅱ. 조사내용

구분	재해	사고	조사	내용
계약 체결일 24시~ 적과종료 이전	집중 호우	06.30	07.01	<피해사실 확인조사> • 집중호우 피해 확인 • 낙엽률조사 : 낙엽수 400개, 착엽수 320개, 경과일수 30일 • 나무 피해 : 침수피해주수 20주 • 과실 침수 : 침수 착과수 40개, 전체 착과수 120개 • 미보상비율 10%
적과종료 시점	-	-	07.20	<적과후 착과수 조사> • 나무조사

	실제결과 주수	미보상 주수	고사 주수	수확불능 주수
	100	0	5	0

• 적과후 착과수 10,000개

• 미보상비율 10%

| 적과
종료
이후~
수확기
종료
시점 | 태풍 | 08.20 | 08.21 | <나무조사(누적 조사)> |
| | | | | |

<나무조사(누적 조사)>

실제결과 주수	미보상 주수	고사 주수	수확불능 주수
100	0	5	4

- 무피해나무 착과수 조사 : 주당 평년착과수와 동일

<낙과피해조사(전수조사)>

- 총 낙과수 1,000개. 낙과피해구성율 35%

<낙엽률조사>

- 낙엽률 50%, 경과일수 81일

가을
동상해 10.25 10.26

<착과피해조사>

- 사고당시착과수 3,000개

정상	50%피해과	80%피해과	100%피해과
40	50	0	35

- 잔여일수 21일
- 전체 잎의 50% 이상 고사

- 자연 낙과 등 주어진 조건 이외의 상황은 고려하지 않는다.

2025년도 제11회
손해평가사 2차 국가자격시험

5회

교시	시험시간	시험과목
1교시	120분	① 농작물재해보험 및 가축재해보험의 이론과 실무 ② 농작물재해보험 및 가축재해보험 손해평가의 이론과 실무

수험번호		성명	

| 수험자
유의사항 | 1. **시험문제지 표지**와 시험문제지의 **총면수, 문제번호 일련순서, 인쇄상태** 등을 확인하시고, 문제지 표지에 수험번호와 성명을 기재하시기 바랍니다.
2. 수험자 인적사항 및 답안지 등 작성은 **반드시 검정색 필기구만을 계속 사용**하여야 합니다. (**그 외 연필류, 유색필기구, 2가지 이상 색 혼합사용 등으로 작성한 해당 답안은 0점 처리**됩니다.)
3. 문제번호 순서에 관계없이 답안 작성이 가능하나, **반드시 문제번호 및 문제를 기재**(긴 경우 요약기재 가능)하고 해당 답안을 기재하여야 합니다.
4. 답안 정정 시에는 **두 줄(=)을 긋고 다시 기재**하거나 **수정테이프를 사용**하시기 바라며, 수정액을 사용하여 수정할 경우 채점상의 불이익을 받을 수 있으므로 사용하지 마시기 바랍니다.
5. **감독위원의 지시에 불응하거나 시험시간 종료 후 답안지를 제출하지 않을 경우 불이익**이 발생할 수 있음을 알려 드립니다.
6. 시험문제지는 시험 종료 후 가져가시기 바랍니다. |
| 공통
유의사항 | ○ 계산문제는 반드시 계산과정, 답, 단위를 정확히 기재 <부분점수 없음>
○ 계산과정에서 임의적인 반올림 또는 절사 금지
○ 문제답안작성마다 답작성이 끝나면 "끝"이라고 기재할 것.
○ 전체답안작성이 끝나면 한 줄 띄고 "이하여백"이라 작성할 것. |

※ 공통유의사항

○ 농업재해보험 · 손해평가의 이론과 실무를 기준으로 답안 작성

○ 계산문제는 반드시 계산과정, 답, 단위를 정확히 기재 <부분점수 없음>

○ 계산과정에서 임의적인 반올림 또는 절사 금지

농작물재해보험 및 가축재해보험의 이론과 실무

※ 다음 문제에 대해 답하시오. (1 ~ 5번 문제)

[문제 1] 「농업재해보험·손해평가의 요령」에서 정하는 보험증권의 법적 성격 5개를 쓰시오. (5점)

[문제 2] 다음은 가축재해보험 각 부문의 보상하는 손해 중 일부이다. (   )를 알맞게 채우시오. (5점)

○ 소 부문(종모우 부문 제외)
  • (①)을 제외한 질병 또는 각종 사고(풍해·수해·설해 등 자연재해, 화재)로 인한 폐사
  • 부상(경추골절, 사지골절, 탈구·탈골), 난산, 산욕마비, (②) 및 젖소의 유량 감소 등으로 긴급도축을 하여야 하는 경우

○ 축사 부문
  • 화재(벼락 포함)에 의한 손해
  • 화재(벼락 포함)에 따른 (③)
  • 화재(벼락 포함) 및 풍재, 수재, 설해, 지진에 의한 피난 손해

○ 돼지 부문
  • 화재 및 풍재, 수재, 설해, 지진 발생 시 (④)에 필요한 조치로 목적물에 발생한 손해
  • 질병위험보장 특별약관 : (⑤)에 의한 손해

[문제 3] 잔존 보험가입금액을 적용하는 ① <u>농작물재해보험 보험의 목적</u> 및 ② <u>가축재해보험 대상 부문</u>을 모두 쓰시오. (단, 가축재배보험 중 축사부문은 제외한다.) (5점)

[문제 4] 다음 조건 Ⅰ, Ⅱ를 바탕으로 2026년도 종합위험 과실손해보장 가입을 위한 블루베리 품목의 평년수확량을 구하시오. (kg 단위로 소수점 첫째 자리에서 반올림하여 정수 단위로 한다.(예 123.5kg＝124kg))

○ 조건 Ⅰ. 평년수확량 산출 자료
(단위. kg)

	2021	2022	2023	2024	2025	2026
평년수확량	미가입	미가입	미가입	미가입	1,000	
표준수확량	미가입	미가입	미가입	미가입	1,000	1,000
조사수확량	미가입	미가입	미가입	미가입	유사고	

○ 조건 Ⅱ. 2025년도 과실손해조사(꽃 피해조사 실시하지 않음)

- 수확개시일자 6월 10일
- 사고일자 6월 25일
- 재배종별 표본가지 피해과실수 100개
- 재배종별 표본가지 전체과실수 200개
- 미보상비율 없음

[문제 5] 농작물재해보험에 가입한 다음 각 품목과 농지에 관한 내용을 바탕으로 인수가 가능한 경우 '가능'을 쓰고, 제한되는 경우 '제한'을 쓰시오. (단, 다른 조건은 고려하지 않는다.) (5점)

(①   ) 귀리 : 15㎡에 500주 파종 후 410주가 출현한 농지

(②   ) 감자(가을재배) : 연륙교가 설치되어 있고 손해평가인 구성이 가능한 도서지역에 있는 농지

(③   ) 양파 : 고랭지 봄파종 품종을 경작 중인 농지

(④   ) 옥수수 : 20㎡에 64주를 1주 재배방식으로 재배하는 전남지역 농지

(⑤   ) 수박 : 가입면적 500㎡, ㎡당 평년수확량 5kg, 가입가격 9,000원/kg, 가입수확량이 평년수확량의 50%인 5월 10일에 정식하여 재배하는 농지

※ 다음 서술형 문제에 대해 답하시오. (6 ~ 10번 문제)

[문제 6] 종합위험 수확감소보장에 가입한 차 품목에 관한 다음 조건 Ⅰ~Ⅲ을 바탕으로 물음에 답하시오. (15점)

○ 조건 Ⅰ. 계약사항(2025년도)

가입면적	가입수확량	가입가격	실제 수확면적	자기부담비율
12,000㎡	평년수확량 100%	10,000원/kg	9,600㎡	15%

○ 조건 Ⅱ. 평년수확량 산출 자료(단위. kg)

구분	2020	2021	2022	2023	2024	2025
기준평년수확량	2,400	3,060	미가입	2,900	미가입	
표준수확량	3,000	3,000	미가입	3,000	미가입	3,000
환산조사수확량	무사고	2,200	미가입	1,400	미가입	

○ 조건 Ⅲ. 수확량조사

• 환산조사수확량 1,800kg	• 미보상비율 10%

물음 1) 2025년도 보험 가입을 위한 평년수확량을 구하시오. (단, 평년수확량 및 산출을 위한 모든 항목은 kg 단위로 소수점 첫째 자리에서 반올림해 정수 단위로 한다.(예 12.5kg＝13kg)) (10점)

물음 2) 2025년의 수확감소보험금을 구하시오. (단, 피해율 산출을 위한 모든 항목은 kg 단위로 소수점 첫째 자리에서 반올림해 정수 단위로 하고(예 12.5kg＝13kg), 피해율은 %로 소수점 셋째 자리에서 반올림해 둘째 자리까지로(예 12.345%＝12.35%) 한다.) (5점)

[문제 7] 동일한 계약자가 소유한 다음 농지 중 가입할 수 있는 농지는 전부 농작물 재해보험에 가입하였다. 각 물음에 답하시오. (15점)

물음 1) 종합위험보장 논작물 조사료용 벼 : ① 가입 농지의 개수, ② 농지 구성과 ③ 각 농지의 경작불능보험금을 구하시오. (8점)

- 농지 구성(모두 인접) : A 농지 1,100㎡, B 농지 800㎡, C 농지 700㎡, D 농지 600㎡
- 모든 농지 동일 : 보장생산비 1,000원/㎡
- 모든 농지 동일 : 경작불능조사 식물체 피해율 65% 이상, 사고 발생 6월, 보장비율 40%

물음 2) 종합위험보장 밭작물 사료용 옥수수 : ① 가입 농지의 개수, ② 농지 구성과 ③ 각 농지의 경작불능보험금을 구하시오. (7점)

- 농지 구성(모두 인접) : A 농지 1,200㎡, B 농지 400㎡, C 농지 600㎡, D 농지 200㎡
- 모든 농지 동일 : 보장생산비 1,000원/㎡
- 모든 농지 동일 : 경작불능조사 식물체 피해율 65% 이상, 사고 발생 6월, 보장비율 40%

[문제 8] 가축재해보험에 가입한 농가에 관한 다음 내용을 바탕으로 물음에 답하시오. (15점)

○ 조건

- 소 부문 : 한우
- 사육 두수 모두 1년 이내 출하 예정이며, 축종 및 성별을 구분하여 가입하지 않음
- 이력제 현황 사육 두수 : 600마리 (과거 병력이 있는 소 7마리, 발육부진 소 3마리 포함)
- 두당 보험가입금액 : 500만원 (가입 두수 모두 동일하게 적용)
- 보험료율 : 5%
- 자기부담비율 20%

물음 1) ① 농가의 최소 보험가입금액과 ② 정부지원보험료를 구하시오. (단, 인수가 부적절하다고 판단되는 소는 모두 제외하고 가입하였으며, 제시된 조건 외의 다른 사항은 고려하지 않는다.) (5점)

물음 2) 위의 보험에 가입한 한우 중 1마리가 보상하는 손해로 폐사되었다. 다음을 바탕으로 보험금을 구하시오. (일원 단위 미만 첫째 자리에서 반올림한다. (예 1,234.5원＝1,235원)) (10점)

○ 보험가액 550만원

○ 사고 내용 : 급성고창증으로 인한 폐사

○ 피보험자가 지출한 비용
- 사고 현장에서 견인비용 30만원, 차에 싣는 비용 30만원, 차에 실은 후 폐기물 처리비용 30만원
- 보험사고 발생 시 손해의 방지 또는 경감을 위하여 지출한 비용 20만원
- 질병에 걸렸을 때 치료 및 조치를 위해 지출한 비용 30만원

[문제 9] 종합위험 생산비보장(노지) 상품에 가입한 농가에 관한 다음 조건 Ⅰ~Ⅲ을 바탕으로 물음에 답하시오. (피해율은 %로 소수점 셋째 자리에서 반올림해 소수점 둘째 자리까지로(예 12.345%=12.35%.), 보험가입금액과 잔존 보험가입금액은 천원 단위에서 절사(예 1,234,000원=1,230,000원), 보험금 및 보험료는 일원 단위 미만은 절사(123.5원=123원) 한다.) (15점)

○ 조건 Ⅰ. 계약사항(가입일자. 2025.04)

품목	가입면적	자기부담비율	영업보험료율 10%		지방자치단체 지원율
고추	2,000㎡	3%	영업보험료 대비		40%
			순보험료 90%	부가보험료 10%	

보장생산비	방재시설	손해율에 따른 할인·할증율
5,000원/㎡	관수시설 설치	-13%

○ 조건 Ⅱ. 생산비 피해조사(2025.07)

- 보장하는 재해 확인
- 사고일자 : 정식일로부터 60일째
- 피해면적 800㎡, 평균 손해정도비율 50%, 미보상비율 없음
- 기지급보험금 : 150만원

○ 조건 Ⅲ. 해지

- 사유 : 임의해지(2025.08)

<미경과비율>

월(판매개시연도)	4월	5월	6월	7월	8월
미경과비율(%)	95	95	90	55	20

물음 1) 생산비보장 보험금을 구하시오. (5점)

물음 2) 환급보험료를 구하시오. (7점)

물음 3) 보험료의 환급에 관한 다음 (　　　)를 알맞게 채우시오. (3점)

계약자 또는 피보험자의 책임 있는 사유라 함은 다음 각 호를 말한다.

- 계약자 또는 피보험자가 (　①　)하는 경우
- 사기에 의한 계약, 계약의 해지 또는 중대사유로 인한 해지에 따라 계약을 (　②　)하는 경우
- 계약의 해지 : 계약자 또는 피보험자의 고의로 손해가 발생한 경우나, (　③　) 등을 해태한 경우의 해지를 말한다

[문제 10] 적과전 종합위험보장Ⅱ에 가입한 다음 농가에 관한 조건 Ⅰ~Ⅳ를 바탕으로 물음에 답하시오. (모든 비율(%)은 소수점 첫째 자리에서 반올림해 정수 단위로 하고(예 12.345%=12%), 모든 금액은 일원 단위 미만 첫째 자리에서 반올림한다.(예 1,234.5원 =1,235원)) (15점)

○ 조건 Ⅰ. 계약사항(가입. 2024년도)

품목	보험가입금액	평년착과량	가입가격	가입 특별약관
단감	28,000,000원	4,000kg	7,000원/kg	없음
자기부담비율	방재시설	지역별 보통약관 순보험료율		지자체 지원율
선택 가능한 최저 비율	방조망, 방상팬 설치	9%		40%

○ 조건 Ⅱ. 조사내용 1

연도	2019	2020	2021	2022	2023
순보험료	400,000원	300,000원	350,000원	350,000원	300,000원
지급된 착과감소보험금	-	-	1,200,000원	-	-
지급된 과실손해보험금	8,000,000원	-		-	-

○ 조건 Ⅲ. 조사내용 2 (2024년도 . 보상하는 재해 발생)

• 적과후착과량 3,200kg	• 인정되는 착과감소량 400kg

○ 조건 Ⅳ. 손해율 및 가입연수에 따른 할인·할증률

손해율	평가기간				
	1년	2년	3년	4년	5년
80% 이상 120% 미만	-	-	-	-	-
120% 이상 150% 미만	3%	5%	7%	8%	13%
500% 이상	17%	25%	33%	42%	50%

물음 1) ① <u>기준수확량</u>을 구하고, ② <u>보험가입금액 감액 여부</u> 및 ③ <u>그 이유</u>를 쓰시오.(5점)

물음 2) 차액보험료를 구하시오. 단, 미납입 보험료는 없다. (10점)

※ 다음 문제에 대해 답하시오. (11 ~ 15번 문제)

[문제 11] 다음은 농작물재해보험에 가입한 품목의 표본구간 면적조사 및 표본구간 내 작물 상태 조사방법에 관한 내용이다. (   )를 알맞게 채우시오. (5점)

○ 양파 : 이랑 폭 2m 이상. 이랑 길이 ((①)주 이상) 및 이랑 폭 조사

○ 팥 : 점파. 이랑 길이((②)주 이상) 및 이랑 폭 조사

○ 수박(노지) : 이랑 길이((③)주 이상) 및 이랑 폭 조사

○ 당근(노지) : 이랑 폭 2m 미만. 이랑 길이 ((④)주 이상) 및 이랑 폭 조사

○ 단호박(노지) : 표본구간의 가로(이랑 폭)·세로((⑤)m) 길이를 구획하여 조사

[문제 12] 다음은 농작물재해보험의 각 보장방식에서 실시하는 현지조사 종류이다. 각 조사의 조사방법에서 정하는 조사 시기를 쓰시오. (5점)

○ 적과전 종합위험보장Ⅱ - 사과 - 적과 종료 후 우박피해 – 착과피해조사 - (①)

○ 종합위험 수확감소보장 – 자두 – 착과수조사 - (②)

○ 종합위험 과실손해보장 – 오디 – 과실손해조사 - (③)

○ 종합위험 수확감소보장 – 벼 – 이앙·직파불능조사 - (④)

○ 수확 전 종합위험 과실손해보장 - 복분자 – 종합위험 과실손해조사 - (⑤)

[문제 13] 농작물재해보험에 가입한 다음 각 품목에 관한 물음에 답하시오. (5점)

○ 감귤(온주밀감류) : 사고일자 12월 31일 – 수확기 잔존비율 (①   )

○ 감귤(온주밀감류) : 사고일자 1월 15일 – 수확기 경과비율 (②   )

○ 복분자 : 사고일자 6월 10일 – 수확일자별 잔여수확량 비율 (③   )

○ 무화과 : 사고일자 10월 01일 – 잔여수확량 비율 (④   )

○ 블루베리 : 수확개시일자 6월 03일, 사고일자 6월 15일 – 잔여수확량 비율 (⑤   )

[문제 14] 다음 각 품목의 경작불능보험금을 구하시오. (단, 보험금 계산 시 보장비율 또는 보험가입금액의 일정비율은 각 품목에서 가능한 최고비율을 적용한다.) (5점)

물음 1) 사료용 옥수수 : 보험가입금액 10,000,000원. 사고 발생 6월

물음 2) 보리(농업수입안정보장) : 보험가입금액 10,000,000원

물음 3) 귀리 : 보험가입금액 10,000,000원

물음 4) 봄배추 : 보험가입금액 10,000,000원

물음 5) 양배추(수확감소보장) : 보험가입금액 10,000,000원

[문제 15] 종합위험 수확감소보장 감귤(만감류) 상품에 가입한 농지에 관한 다음 조건 Ⅰ, Ⅱ
를 바탕으로 보험금을 구하시오. (단, 모든 량(量)은 kg 단위로 소수점 첫째 자리에
서 반올림하여 정수 단위로 하고(圓 123.5kg=124kg), 피해율은 %로 소수점 셋째
자리에서 반올림하여 둘째 자리까지로 한다.(圓 12.345%=12.35%))

○ 조건 Ⅰ. 계약사항

품종	보험가입금액	평년수확량	실제결과주수	표준수확량	자기부담비율
한라봉 황금향	28,800,000원	2,400kg	한라봉 100주 황금향 100주	한라봉 18kg/주 황금향 15kg/주	10%

○ 조건 Ⅱ. 조사내용(수확 전 착과수조사 전 피해사실이 인정되지 않음)

○ 수확 전 착과수조사 및 과중조사

착과수조사		과중 조사	
한라봉 미보상주수 5주 착과수 45개/주	황금향 착과수 50개/주	한라봉 280g	황금향 과중조사 전 수확 완료

○ 수확 전 착과수 조사 이후 피해조사

• 감수량 합계 300kg

• 미보상비율 : 5%

※ 다음 서술형 문제에 대해 답하시오. (16 ~ 20번 문제)

[문제 16] 종합위험 수확감소보장에 가입한 농지에 관한 다음 조건 Ⅰ~Ⅳ를 바탕으로 물음에 답하시오. (조사수확비율은 해당 구간의 최저 비율을 적용하고, 수확량, 미보상감수량은 kg 단위로 소수점 첫째 자리에서 반올림해 정수 단위로 한다. (예 123.5kg=124kg) 피해율은 %로 소수점 셋째 자리에서 반올림해 소수점 둘째 자리까지로 한다. (예 12.345%=12.35%)) (15점)

○ 조건 Ⅰ 계약사항

품종	보험가입금액	가입면적	평년수확량	표준수확량	자기부담비율
바로미2 (분질미)	4,800,000원	2,500㎡	4,000kg	3,800kg	15%

○ 조건 Ⅱ. 면적조사

실제경작면적	수확불능면적	미보상면적	타작물면적	기수확면적
2,500㎡	500㎡	100㎡	100㎡	0㎡

○ 조건 Ⅲ. 수확량조사

• 수확량조사(수량요소조사). 미보상비율 5%

표본포기	1	2	3	4
이삭 상태	15	17	13	16
완전 낟알 상태	60	68	50	71

• 수확량조사(전수조사)

작물 중량 합계	함수율 평균값	미보상비율
2,200kg	15%	5%

점수	비율	점수	비율
10점 미만	0~20%	16~18점	61~70%
10~11점	21~40%	19~21점	71~80%
12~13점	41~50%	22~23점	81~90%
14~15점	51~60%	24점 이상	91~100%

물음 1) 위 농지에 전수조사를 실시하기 전 수량요소조사로 수확량조사를 실시한 경우 피해율을 구하시오. (5점)

물음 2) 위 농지의 계약자가 전수조사를 요청하여 수확량조사를 실시한 경우 피해율을 구하시오. (5점)

물음 3) 수확기 종료 후 이 농지에게 지급되는 보험금 구하시오. (5점)

[문제 17] 가축재해보험 돼지 부문에 가입한 농가에 관한 다음 조건 Ⅰ~Ⅲ을 바탕으로 물음에 답하시오. (단, 이익률은 %로 소수점 셋째 자리에서 반올림해 소수점 둘째 자리까지로 하고(例 12.345%=12.35%), 금액은 일원 단위 미만은 절사한다.(例 1,234.5원=1,234원)) (15점)

○ 조건 Ⅰ 계약사항

보험가입금액	자기부담비율	가입 두수	가입 특별약관
주계약 6,620만원 특약 1,400만원	10%	웅돈(종모돈) 30두 모돈(종빈돈) 20두 비육돈 50두 자돈 100두	축산휴지위험보장

○ 조건 Ⅱ. 조사내용

사고 내용	폐사 두수	가입두수 총 보험가액	잔존물 처리비용	비육돈 지육단가
모돈사 화재로 인해 사육 모돈 전체 폐사	모돈 20두	6,000만원	150만원	4,400원/kg
축산휴지위험보장 특별약관				
화재로 인한 축산업 중단	비육돈 평균 경영비 320,000원	30kg 자돈가격 200,000원	사고 당일 포함 직전 5영업일 평균돈육 대표가격(탕박) 6,000원/kg	

○ 조건 Ⅲ. 종빈돈 보험가액(비육돈 지육단가의 범위에 해당하는 종빈돈 가격)

비육돈 지육단가 (원/kg)	종빈돈 가격 (원/두당)	비육돈 지육단가 (원/kg)	종빈돈 가격 (원/두당)
3,950 ~ 4,049	560,000	4,250 ~ 4,349	590,000
4,050 ~ 4,149	570,000	4,350 ~ 4,449	600,000
4,150 ~ 4,249	580,000	4,450 ~ 4,549	610,000

물음 1) 보통약관 보험금을 구하시오. (5점)

물음 2) 축산휴지위험보장 보험금을 구하시오. (5점)

물음 3) 가축재해보험에서 정하는 ① 보험금 지급심사 시 유의사항을 모두 쓰고, 아래의 경우 ② 유의사항 중 어느 것에 해당하는지 쓰시오. (5점)

조사 결과 위의 화재 사고는 모돈사를 증축한 후 발생했고, 계약자는 증축 사실을 보험자에게 통지하지 않았다.

[문제 18] 농업수입안정보장에 가입한 옥수수 품목에 관한 다음 조건 Ⅰ, Ⅱ를 바탕으로 보험금을 구하시오. (㎡당 수확량(kg) 및 피해율(%)은 소수점 셋째 자리에서 반올림하고(예 12.345kg(%)＝12.35kg(%)), 각 수확량 및 감수량 등은 kg 단위로 소수점 첫째 자리에서 반올림해 정수 단위로 한다.(예 123.5kg＝124kg)) (15점)

○ 조건 Ⅰ. 계약사항

품목	표준수확량	보험가입금액	가입면적
연농 2호	1,000kg	6,000,000원	2,000㎡
자기부담비율	기준가격	재식시기 지수	재식밀도 지수
20%	6,000원/kg	1.03	1.09

○ 조건 Ⅱ. 수확량조사

- 실제경작면적 : 2,000㎡

- 고사면적 500㎡, 타작물면적 100㎡, 미보상면적 100㎡, 수확완료면적 0㎡

- 표본구간 피해주수 조사 : 표본면적 합계 15㎡, 상 10개, 중 20개, 하 10개

- 미보상비율 없음

- 수확기가격 5,200원/kg

[문제 19] 가축재해보험 축사 부문에 가입한 다음 각 축사의 ① 보험가액을 산정하고, ② 해당 보험가액이 산정된 이유를 쓰시오. 단, 잔가율은 20%로 하며, 잔가율을 수정할 수 있는 경우 수정하고, 최대 비율로 적용한다. (경년감가율 및 감가상각률은 %로 소수점 셋째 자리에서 반올림해 소수점 둘째 자리까지로 한다.(예 12.345%=12.35%)) (15점)

물음 1) A 농가. 지속적 개·보수가 이뤄져 가치 증대 인정됨 (5점)

가입면적	구조	내용연수	시설비	경과년수
300㎡	경량철골조/판넬지붕	25년	100,000원/㎡	27년

물음 2) B 농가 (5점)

가입면적	구조	내용연수	시설비	경과년수
300㎡	콘크리트조/판넬지붕	45년	150,000원/㎡	30년

물음3) C 농가. 사고 발생 이후 6개월 이내 수리·복구되지 않음(5점)

가입면적	구조	내용연수	시설비	경과년수
300㎡	쇠파이프조/보온덮개 지붕	8년	50,000원/㎡	8년

[문제 20] 적과전 종합위험보장Ⅱ에 가입한 농지에 관한 다음 조건 Ⅰ, Ⅱ를 바탕으로 보험금을 구하시오. (각 감소량(감수량) 및 감수과실수는 소수점 첫째 자리에서 반올림하여 정수 단위로 하고(⑪ 123.5개＝124개), 모든 비율은 %로 소수점 셋째 자리에서 반올림해 소수점 둘째 자리까지로 한다.(⑪ 12.345%＝12.35%)) (15점)

○ 조건 Ⅰ. 계약사항

품목	가입주수	평년착과수	가입가격	가입과중	자기부담비율
배	200주	24,000개	7,000원/kg 100,000원/주	350g	15%

• 착과감소보험금 보장수준 : 50%. 나무손해보장 특별약관 가입

○ 조건 Ⅱ. 조사 내용

○ 피해사실 확인조사

  • 조수해 피해로 일부 나무에 국한된 피해 발생 확인

   - 나무조사 : 실제결과주수 200주, 고사주수 5주, 수확불능주수 0주, 일부피해주수 10주

  • 우박 피해 확인

  • 미보상비율 확인 : 5%

○ 적과후착과수 조사

  • 나무조사(누적) : 실제결과주수 200주, 고사주수 5주, 수확불능주수 5주, 미보상주수 5주

  • 적과후 착과수 22,000개

  • 미보상비율 확인 : 10%

○ 적과 종료 이후~수확기 종료 시점 : 보장하는 재해 발생 없음

○ 적과 종료 전 우박피해로 인한 착과피해조사

  • 사고 당시 착과수 : 적과후 착과수와 동일

  • 착과피해구성률 35%

○ 고사주수 조사 : 추가 고사주수 10주 확인

물음 1) 착과감소보험금을 구하시오. (5점)

물음 2) 과실손해보험금을 구하시오. (5점)

물음 3) 나무손해보장 특별약관의 보험금을 구하시오. (5점)

[연 습 지]

성명   수험번호   감독확인란

※ 연습지에 성명 및 수험번호를 기재하지 마십시오.(기재할 경우, 0점 처리됩니다.)
※ 연습지에 기재한 사항은 채점하지 않으나 분리하거나 훼손하면 안됩니다.

[연 습 지]

[연 습 지]

1쪽

번호	
번호	

5쪽

수험생 여러분의 합격을 기원합니다!

[연 습 지]

[연 습 지]

1쪽

번호	
번호	

3쪽

3쪽

11쪽

수험생 여러분의 합격을 기원합니다!

[연 습 지]

[연 습 지]

※ 연습지에 성명 및 수험번호를 기재하지 마십시오.(기재할 경우, 0점 처리됩니다.)
※ 연습지에 기재한 사항은 채점하지 않으나 분리하거나 훼손하면 안됩니다.

[연 습 지]

1쪽

번호	
번호	

7쪽

수험생 여러분의 합격을 기원합니다!

[연 습 지]

성명

수험번호

감독확인란

※ 연습지에 성명 및 수험번호를 기재하지 마십시오.(기재할 경우, 0점 처리됩니다.)
※ 연습지에 기재한 사항은 채점하지 않으나 분리하거나 훼손하면 안됩니다.

[연 습 지]

[연 습 지]

1쪽

번호	
번호	

11쪽

13쪽

13쪽

수험생 여러분의 합격을 기원합니다!

[연 습 지]

성명

수험번호

감독확인란

※ 연습지에 성명 및 수험번호를 기재하지 마십시오.(기재할 경우, 0점 처리됩니다.)
※ 연습지에 기재한 사항은 채점하지 않으나 분리하거나 훼손하면 안됩니다.

[연 습 지]

※ 연습지에 성명 및 수험번호를 기재하지 마십시오.(기재할 경우, 0점 처리됩니다.)
※ 연습지에 기재한 사항은 채점하지 않으나 분리하거나 훼손하면 안됩니다.

[연 습 지]

1쪽

번호	
번호	

5쪽

11쪽

15쪽

수험생 여러분의 합격을 기원합니다!

2025년도 제11회
손해평가사 2차 국가자격시험
- 정답 및 해설 -

여러분의 합격을 기원합니다!

[문제 1]

답 : ① 손실,　② 위태,　③ 손인,　④ 손해,　⑤ 보험

✓ 채점 : 각 1점

[문제 2]

답 : ① 피보험이익,　② 잔존물 제거비용,　③ 검증조사,　④ 표본조사,　⑤ 1~2mm

✓ 채점 : 각 1점

[문제 3]

답 : ① 흰잎마름병, 줄무늬잎마름병, 벼멸구, 도열병, 깨씨무늬병, 먹노린재, 세균성벼알마름병
　　② 줄무늬잎마름병

✓ 채점 : 물음 1) 부분점수 없음

[문제 4]

답 : 양파, 마늘, 콩, 양배추, 감자(봄재배), 감자(가을재배) 중 5개

✓ 채점 : 각 1점. 감자(봄재배), 감자(가을재배) 각각 기재 또는 감자(봄·가을재배)로 기재 모
　　두 인정

[문제 5]

답 : ① 발아기,　② 수확개시 시점,　③ 4월 30일,　④ 11월 30일,　⑤ 2월 말일

✓ 채점 : 각 1점

[문제 6]

답 : 1. 평년착과량 = {A + (B − A) × (1 − Y/5)} × C/D

① A = (2,200 + 2,760 + 1,373) ÷ 3 = 2,111kg

② B = (2,850 + 4,050 + 5,100) ÷ 3 = 4,000kg

③ C = 9,300kg

④ Y = 3

⑤ D = (4,388 + 5,850 + 7,650) ÷ 3 = 5,963kg

⑥ 평년착과량 = $\left[2,111 + (4,000 - 2,111) \times (1 - \dfrac{3}{5}) \times \dfrac{9,300}{5,963}\right] = 4,471kg$

2. 착과감소보험금

① 착과감소량 = 4,471 − 2,000 = 2,471kg

- 가입특약 없음, 조수해·화재로 인한 일부나무피해 아님. 미보상감수량 없음

② 기준수확량 = 2,000 + 2,471 = 4,471kg

③ 자기부담감수량 = 4,471 × 0.2 = 894kg

④ 최근 3년간 누적 적과전 손해율 = $\dfrac{240,000 + 15,200,000}{1,140,000 + 1,480,000 + 1,680,000} = 359\%$

⑤ 착과감소보험금 보장수준 = 50%

⑥ 착과감소보험금 = (2,471 − 0 − 894) × 6,000 × 0.5 = 4,731,000원

해 : 1. 이 문제의 표준수확량 표

① 적종의 표준수확량 산출식 = Σ (수령별 표준수확량 × 해당 나무수)

- 기관에서 산출한 각 품종, 재배방식이 반영된 수령별 표준수확량에 가입과수원의 나무수를 곱한다.

② 2025년 가입 당시 반밀식재배 7년생 → 2022년도 = 4년생(신규 가입)

- 밀식, 반밀식 재배의 경우 아래와 같이 연도와 수령을 매칭한 후 풀이한다.

	2020	2021	2022	2023	2024	2025
	2년생	3년생	4년생	5년생	6년생	7년생
일반	-	-	-	5,850	7,650	9,300
반밀식	-	-	2,850	4,050	5,100	6,000
밀식	-	1,350	2,100	2,700	3,300	3,750

2. 평년착과량

① A= Σ과거 5년간 적과후착과량÷과거 5년간 가입횟수

- 2021년~ 적과후착과량에 상·하한 적용 : 그해 평년착과량의 30~300%

- 상한 : 가입 당해 포함 과거 5년 중 3년 이상의 가입 이력이 있는 과수원에 한하여 적용

3. 착과감소보험금 보장수준

① 70% 형 : 기본 선택

② 50% 형 : 최근 3년간 누적 적과전 손해율이 120% 이상인 경우 50% 형만 가입 가능

[문제 7]

답 : 1. 농업용 시설물 보험료

(1) 보험료

① 30,000,000×0.1×0.9×0.7=1,890,000원

② 종별요율=3종. 0.9

③ 단기요율=보험기간 4개월 50%+3, 4월 가산 20%=70%

2. 화재대물배상책임보장 특약 보험료=12,025,000×0.05×5.23×0.5=1,572,268원

3. 연장 기간 계약자부담보험료

① 연장 기간 : 7월. 1개월. 단기요율=20%+7월 가산 10%=30%

② 보험료=30,000,000×0.1×0.9×0.3=810,000원

해 : 1. 원예시설 손해보장 단기요율 적용 시

① 4, 5, 10월 제외한 월에 월별 10%씩 가산

② 이론서 : 다만, 화재 특약은 가산하지 않음. 화재대물배상 특약에 관한 내용은 없음

2. 화재대물배상 특약 보험료

① 산출기초금액 12,025,000원은 암기한다.

② 화재위험보장 특약의 보험료율을 적용한다.

3. 보험기간을 연장하는 경우 단기요율

① 보험기간을 연장하는 경우에는 원기간에 통산하지 아니하고 그 연장기간에 대한 단기요율 적용

② 위 문제의 경우

- 원기간에 통산하지 아니하고 : 원기간 4개월 + 연장기간 1개월 = 총 5개월로 보험료를 계산하지 않음 (5개월의 단기요율로 보험료를 계산하지 않음)
- 그 연장기간에 대한 단기요율 적용 : 단기요율 = 보험료에 적용 → 연장기간 1개월에 대한 단기요율 적용해서 보험료 계산
- 기간을 연장하는 경우, 처음부터 가입할 때보다 보험료에서 불리할 수 있다.

[문제 8]

답 : 1. 평년수확량 = {A + (B×D − A)×(1 − Y/5)}×C/D

　① 가입년도 보정계수 C = 1.0×0.9×1.0 = 0.9

　② 평년수확량 = $\left[1{,}878 + (1{,}700 \times 0.9 - 1{,}878) \times (1 - \dfrac{4}{5}) \times \dfrac{0.9}{0.9} = 1{,}808kg\right.$

　③ 평년수확량 = min(1,808, 1,350×1.3) = 1,755kg

2. 보험가입금액

　(1) 표준가격(가입가격)

　　① 농협 RPC 계약재배 수매가 최근 5년 평균값

　　　= (1,200 + 1,100 + 1,100 + 1,200 + 1,000) ÷ 5 = 1,120원

　　② 표준가격 = 1,120×1.2 = 1,344원

　(2) 보험가입금액 = 1,755×1,344 = 2,350,000원 (천원 단위 절사)

3. 환급보험료

　① 손해율 = $\dfrac{400{,}000 + 300{,}000}{210{,}000 + 200{,}000 + 190{,}000 + 210{,}000} = 86\%$

　② 평가기간 4년, 손해율에 따른 할인·할증률 = 0%

　③ 자기부담비율 = 10% 형. 최근 3년 연속 가입 및 손해율 120% 미만

　④ 순보험료 대비 정부지원율 35%

　⑤ 계약자부담 보험료 = 2,350,000×0.08×(1+0)×(1+0.1)×(1−0.35−0.4) = 51,700원

　⑥ 환급보험료 = 51,700×0.2 = 10,340원

　　- 임의해지 = 계약자, 피보험자의 책임있는 사유

해 : 1. 평년수확량=$\{A+(B \times D-A) \times (1-Y/5)\} \times C/D$

    ① A : 과거평균수확량

      • 무사고 시=max(표준수확량, 평년수확량)×110%

      • 유사고 시=max(조사수확량, 평년수확량 50%)

    ② B : 가입년도 기준수확량(기준수량)

    ③ C : 가입년도 보정계수=품종별×재배방식별×이앙일자별 보정계수

    ④ D : 과거평균보정계수

    ⑤ 평년수확량은 보험가입연도 표준수확량의 130%를 초과할 수 없다.

2. 벼 표준가격(가입가격)

    보험 가입연도 직전 5개년의 시·군별 농협 RPC 계약재배 수매가 최근 5년 평균값에 민간 RPC지수를 반영하여 산출→RPC 계약재배수매가 5년 평균값×민간 RPC지수

3. 벼 보험료

    ① 보통약관 보험가입금액×지역별 보통약관 영업요율×(1±손해율에 따른 할인·할증률)×(1+친환경재배 할증률)×(1+직파재배 할증률)

    ② 밀, 보리, 귀리, 조사료용 벼 : ×(1+친환경재배 할증률)×(1+직파재배 할증률) 제외

4. 손해율, 자기부담비율, 손해율에 따른 할인·할증률

    ① 손해율=Σ지급보험금÷Σ순보험료

    ② 자기부담비율: 3년, 2년 기준

      • 10% 형 : 최근 3년 연속 가입 – 3년간 손해율 120% 미만

      • 15% 형 : 최근 2년 연속 가입 – 2년간 손해율 120% 미만

    ③ 보험료의 '손해율'에 따른 할인·할증률에서의 손해율 : 최근 5개년 (Σ지급보험금÷Σ순보험료)

5. 2025년 벼 순보험료의 정부지원율 : 자기부담비율 10%=35% 지원, 15%=38% 지원

[문제 9]

답 : 1. A 농지

① 인수 가능

② 가능 이유 : 보험가입금액 100만원으로 최저 기준(50만원) 이상, 파종일 11월 20일 이전, 품목이 혼식되어 있지만 밀 식재면적이 농지의 90% 이상이므로 인수 가능

2. B 농지

(1) 인수 제한

(2) 이유

① 가능 이유 : 보험가입금액 500만원으로 최저 기준(100만원) 이상, 출현율 80% 이상

② 제한 이유 : 3월 1일 이전 파종, 정식주수 = $3.1 \times 2 \times 1,000 = 6,200$주/10a. 2주 재배 시 10a 당 정식주수 4,000주 미만, 6,000주 초과 시 인수 제한

3. C 농지

(1) 인수 제한

(2) 이유

① 가능 이유 : 보험가입금액 250만원으로 최저 기준(100만원) 이상, 출현율 50% 이상, 파종 8월 31일 이전

② 제한 이유 : 제한 품종인 미니 당근 재배, 지목이 목(목초지)인 농지

√ 채점 : 각 5점

해

출현율		재식밀도(양배추, 콩 이외 10a 기준)	
80%	콩, 팔 감자 (봄·고랭지·가을), 옥수수 사료용 옥수수 무 (고랭지·가을·월동) 밀, 보리, 귀리	8구/평 미만	양배추
		10개체/㎡ 미만	콩 (제주 산파 15)
		3,500주 미만	고랭지 감자
		3,500주 미만, 5,000주 초과	옥수수 1주 재배 (전남북, 광주, 제주 3,000주 미만, 5,000주 초과)
50%	당근	4,000주 미만	고구마, 봄·가을 감자
		4,000주 미만, 6,000주 초과	옥수수 2주 재배
		23,000주 미만, 40,000주 초과	양파
		30,000주 미만	마늘

[문제 10]

탑 : 1. 경주마 : {(40,000,000×0.05×0.5)+(40,000,000×0.7×0.05×0.5)}×5＝8,500,000원

    2. 오리

        ① 가축 사육면적당 가입 기준 : 0.333㎡/두 → 0.333㎡×1,000두＝333㎡ 이상의 사육면적 필요

        ② 사육면적이 300㎡이고, 사육두수를 전부 가입하므로 가입두수가 사육면적 기준을 초과 → 정부 지원 제외

    3. 돼지 일괄가입

    ① 가축 사육면적당 가입 기준 : 0.79㎡/두 → 0.79㎡×300두＝237㎡ 이상의 사육면적 필요

    ② 사육면적이 300㎡이므로, 전부 가입해도 가입두수가 사육면적 기준을 초과하지 않음

    ③ 지원 보험료 : 303,000×300×0.06×0.5＝2,727,000원

√ 채점 : 각 5점

해 : 가축재해보험 가입 두수가 축산업 허가(등록)증의 가축사육 면적을 기준으로 아래의 범위를 초과하는 경우 정부 지원 제외

닭(두/㎡)		돼지(㎡/두)						오리(㎡/두)	
		개별가입					일괄가입		
육계·토종닭	삼계	웅돈	모돈	자돈(초기)	자돈(후기)	육성돈 비육돈		산란용	육용
22.5	41.1	6	2.42	0.2	0.3	0.62	0.79	0.333	0.246

[문제 11]

탑 : 1. 95일,   2. 1심 2엽,   3. 7~14일,   4. 35~45일,   5. 120일

√ 채점 : 각 1점

[문제 12]

답 : 1. ① 실제경작면적,　② 가로·세로(각 최소 1m),　③ 정아지

2. 보험금

① 피해율 $= \dfrac{14}{25} \times (1 - 0.1) = 50.4\%$

② 보험금 $= 5,000,000 \times (0.504 - 0.2) = 1,520,000$원

해 : 두릅 피해율 $= \dfrac{\text{피해 정아지 수}}{\text{총정아지 수}} \times (1 - \text{미보상비율})$

[문제 13]

답 : 1. 경과비율 $= 1 - \dfrac{46}{50} = 8\%$

- 실제 수확개시일부터 수확종료일까지의 일수가 표준수확일수보다 적으므로 계산된 경과비율 그대로 적용

2. 피해비율 $= 800 \div 2,000 = 40\%$

3. 피해율 $= 0.4 \times 0.44 \times (1 - 0.05) = 16.72\%$

4. 보험금 $= 2,000 \times 2,400 \times 0.08 \times 0.1672 = 64,204$원

5. 지급보험금 : 없음. 소손해면책금 이하

해 : 시설작물 수확기 중 사고

1. 상추, 호박, 오이, 토마토, 고추 외 품목 : 계산된 경과비율이 10% 미만인 경우 10%로 적용

- 단, 표준수확일수보다 실제수확개시일부 터 수확종료일가지의 일수가 적은 경우는 제외

2. 멜론, 국화, 수박 : 경과비율 1 고정값

3. 상추, 호박, 오이, 토마토, 고추 품목 : 계산된 경과비율 그대로 적용

[문제 14]

답 : 1. 지급 대상 여부

    ① 파종주수 = (480÷15)×1,000 = 32,000주/10a

    ② 식물체주수 = (345÷15)×1,000 = 23,000주/10a

    ③ 재파종주수 = (465÷15)×1,000 = 31,000주/10a

    ④ 지급 대상

2. 표준피해율 = $\dfrac{30,000-23,000}{30,000}$ = 23.33%

3. 보험금 = 5,000,000×0.25×0.2333 = 291,625원

해 : 조기파종보장 특별약관 재파종 보험금

1. 지급 사유 : 한지형 마늘 최초 판매개시일 24시 이전＋보장하는 재해＋식물체주수가

  30,000주/10a 보다 적음＋10/31 이전 30,000주/10a 이상으로 재파종

2. 보험금 = 보험가입금액×25%×표준피해율 (보통약관 35%)

3. 표준피해율(10a 기준) = (30,000 - 식물체주수)÷30,000

[문제 15]

답 : 1. 2,　2. 40,　3. 9,　4. 7,000,　5. 5

√ 채점 : 각 1점

해 : 1. 포복자만 과중조사 : 품종별 수확시기에 각각 실시

2. 복숭아, 자두 최소 표본과실수

  • 과중조사, 착과피해조사 : 품종별 3주 이상의 표본주＋품종별 20개 이상＋농지당 40개 이상

  • 낙과피해조사 : 품종별 20개 이상＋농지당 60개 이상

3. 참다래 착과피해조사 : 품종별 3주 이상의 표본주에서 임의의 과실 100개 이상

4. 매실, 대추, 살구 착과피해구성조사 : 개수 조사 시에는 표본주당 표본과실수는 100개 이상, 무게 조사 시에는 표본주당 표본과실 중량은 1,000g 이상

5. 오미자 표본구간 : 유인틀 길이 방향 1m로 표본구간을 선정

[문제 16]

답 : 1. 보험금

    (1) 기준수입 = 4,500 × 10,000 = 45,000,000원

    (2) 착과량

        ① 품종·수령별 주당 평년수확량

$$\cdot \text{A 품종} : \left(4{,}500 \times \frac{1{,}800}{5{,}000}\right) \div 100 = 16kg$$

$$\cdot \text{B 품종} : \left(4{,}500 \times \frac{3{,}200}{5{,}000}\right) \div 200 = 14kg$$

        ② 착과량 = {(4,280 × 0.3) + (20 × 16)} + {(9,000 × 0.28) + (0 × 14)} = 4,124kg

    (3) 감수량

        ① 착과감수량 = (3,500 × 0.3 × 0.35) + (6,500 × 0.28 × 0.4) = 1,096kg

        ② 낙과감수량 = (700 × 0.3 × 0.5) + (1,150 × 0.28 × 0.5) = 266kg

        ③ 고사주수 감수량 = 30 × 45 × 0.28 = 378kg

        ④ 합계 = 1,740kg

    (4) 수확량 = max(4,500, 4,124) - 1,740 = 2,760kg

    (5) 미보상감수량 = (4,500 - 2,760) × 0.1 = 174kg

    (6) 실제수입 = (2,760 + 174) × 9,000 = 26,406,000원

    (7) 피해율 = = $\dfrac{45{,}000{,}000 - 26{,}406{,}000}{45{,}000{,}000} = 41.32\%$

    (8) 보험금 = 45,000,000 × (0.4132 - 0.2) = 9,594,000원

2. 비가림시설 보험금

    (1) 각 동 보험가입금액

$$① \text{1동} : 25{,}920{,}000 \times \frac{10{,}800{,}000}{32{,}400{,}000} = 8{,}640{,}000원$$

$$② \text{2동} : 25{,}920{,}000 \times \frac{21{,}600{,}000}{32{,}400{,}000} = 17{,}280{,}000원$$

    (2) 각 동 보험금

        ① 1동 : min(10,000,000 - 0, 8,640,000) = 8,640,000원

        ② 2동 = min(4,500,000 - 0, 17,280,000) = 4,500,000원

        ③ 보험금 = 8,640,000 + 4,500,000 = 13,140,000원

해 : 포도(복숭아, 자두, 만감류), 비가림시설

1. 착과량＝품종·수령별 착과량의 합

   - 품종·수령별 주당 평년수확량＝{평년수확량×(품종·수령별 표준수확량÷표준수확량)}÷품종·수령별 실제결과주수

2. 비가림시설 보험금

   - 하나의 보험가입금액으로 둘 이상의 보험의 목적을 계약한 경우에는 전체가액에 대한 각 가액의 비율로 보험가입금액을 비례배분하여 지급보험금을 계산한다.
     ← 비가림시설, 농업용 시설물 및 부대시설, 가축재해보험에 기재되어 있다.
   - 보험금＝min(손해액-자기부담금, 보험가입금액)
   - 자기부담금을 차감하지 않는 화재 사고임에도 손해액을 전부 보상받지 못하는 이유는 보험가입금액을 보험가액의 100% 미만으로 설정했기 때문이다. 비가림시설 보험가입금액＝(면적×㎡당 시설비) 80~130%

[문제 17]

답 : 1. 보험금

   (1) 종합위험 피해율

   ① 수확량＝{90×100×0.09×(1-0.25)}+(5×10)＝658kg

   ② 미보상감수량＝(1,000-658)×0.1＝34kg

   ③ 피해율＝$\dfrac{1,000-658-34}{1,000}$＝30.8%

   (2) 특정위험 피해율

   ① 잔여수확량비율＝100-(1.06×25)＝73.5%

   ② 결과지피해율＝$\dfrac{(10+20\times0.3-4)}{30}$＝40%

   ③ 피해율＝(1-0.308)×0.735×0.4＝20.34%

   (3) 보험금

   ① 피해율＝30.8+20.34＝51.14%

   ② 보험금＝10,000,000×(0.5114-0.15)＝3,614,000원

2. 사고 발생일에 따른 잔여수확량 산정식

　　① 1.06

　　② 1.13

　　③ 0.84

해 : 1. 무화과 보험금

　　① 피해율=수확 전(7/31 이전) 사고 피해율+수확 개시 후(8/1 이후) 사고 피해율

　　② 수확 전(7/31 이전) 사고 피해율=(평-수-미)÷평

　　③ 수확 개시 후(8/1 이후) 사고 피해율=(1-수확 전 사고 피해율)×잔여수확량 비율×

　　결과지 피해율

　　• 잔여수확량 비율 : 카페 내 암기 방법 검색

　　• 결과지 피해율

$$= \frac{고사결과지수 + 미고사 결과지수 \times 착과피해율 - 미보상고사 결과지수}{기준결과지수}$$

$$= \frac{보상 + 미고사 \times 착과피해율}{기준}$$

　　- 기준결과지수=고사+미고사

　　- 고사=보상+미보상

[문제 18]

답 : 1. 재정식 보험금

　　① 면적피해율＝5,000÷5,000＝100%

　　② 보험금＝10,000,000×0.2×1.0＝2,000,000원

　2. 생산비보장 보험금

　　① 사고일자 : 조사일자 7월 30일, 생장일수: 75일

　　② 경과비율＝$0.495 + (1 - 0.495) \times \frac{75}{100} = 87.38\%$

　　③ 피해율＝0.4×0.5×(1-0.1)＝18%

　　④ 보험금＝(10,000,000×0.8738×0.18) - (10,000,000×0.05)＝1,072,840원

해 : 생산비보장 고추, 브로콜리

　1. 수확기 이전 사고 생장일수: 정식일로부터 사고발생일까지 경과일수

　　① 고추, 브로콜리의 경우 재정식 면적피해율이 100%일 경우 재정식일자를 정식일자
　　　로 한다. [별표 9]

　　② 정식일 당일 사고의 경우 "0"일, 다음날 사고의 경우 "1일"

　2. 잔존보험가입금액＝보험가입금액-보상액(기발생 "생산비보장보험금" 합계액)
　　• 재정식보험금을 차감하지 않음에 주의한다.

　3. 사고일자 :

　　① 재해 발생일자 확인

　　② 한해(가뭄)·폭염·병충해와 같이 '지속되는 재해의 사고일자' : 재해가 끝나는 날
　　　(예 가뭄 이후 첫 강우일의 전날)

　　③ 재해가 끝나기 전 조사할 경우 : 조사일자(조사 이후 해당 재해로 추가 발생한 손
　　　해는 보상하지 않음)

　4. 경과비율

　　① 수확기 이전＝준비기 생산비 계수+{(1-준비기 생산비 계수)×(생장일수÷표준생
　　　장일수)}

　　② 수확기 중＝1-(수확일수÷표준수확일수)

　　③ 준비기 생산비 계수 : 고추 49.5%, 브로콜리 55.9%

　　④ 표준생장일수 : 고추 100일, 브로콜리 130일

[문제 19]

답 : 1. 보험가액

    (1) 생후 7주령 : $\{800+(4,000-800)\div9\times(7-1)\}\times1,000=2,930,000$원

    (2) 생후 12주령 : $4,000\times1,000=4,000,000$원

    (3) 생후 18주령 : $\{4,000+(7,000-4,000)\div5\times(18-15)\}\times1,000=5,800,000$원

    (4) 생후 60주령

       ① 계란 1개 평균 가격 $=(120\times0.02)+(100\times0.535)+(80\times0.445)=91$원

       ② $\{(550-210)\times0.7\times(91-77)\}\times1,000=3,330,000$원

    (5) 생후 74주령 : $2,200\times1,000=2,200,000$원

2. 지급보험금

    (1) 총 보험가액 $=18,260,000$원

       보험가입금액 20,000,000원 > 보험가액 18,260,000원. 초과보험

    (2) 손해액 $=18,260,000$원. 전체 폐사

    (3) 목적물 보험금 $=\min(18,260,000,\ 18,260,000)\times(1-0.2)=14,608,000$원

    (4) 잔존물 처리비용

       ① $\min(18,260,000\times0.1,\ 2,000,000)\times(1-0.2)=1,460,800$원

       ② $\min(14,608,000+1,460,800,\ 20,000,000)=16,068,800$원

    (5) 지급보험금 $=16,068,800$원

해 : 보험금 한 줄 풀이

    $\min\{(18,260,000+1,826,000)\times(1-0.2),\ 20,000,000\}=16,068,800$원

✓ 채점 : 물음 1) 각 2점

[문제 20]

답 : [착과감소보험금]

1. 평년착과수 - 적과후착과수 = 20,000 - 16,640 = 3,360개

2. 최대인정피해율

   ① 나무피해율 = $\dfrac{10 + 10 + 8}{150}$ = 18.67%

   ② 최대인정감소과실수 = 20,000 × 0.1867 = 3,734개

3. 착과감소량 = min(3,360, 3,734) = 3,360개, 3,360 × 0.3 = 1,008kg

4. 미보상감수량 = (3,360 × 0.1) + (2 × 133) = 602개, 602 × 0.3 = 181kg

   • 주당 평년착과수 = 20,000 ÷ 150 = 133개

5. 기준착과수 = 16,640 + 3,360 = 20,000개

6. 자기부담감수량 = 20,000 × 0.3 × 0.1 = 600kg

8. 착과감소보험금 = (1,008 - 181 - 600) × 5,000 × 0.7 = 794,500원

[과실손해보험금]

1. 일소피해

   (1) 낙과감수과실수 = 1,000 × 0.5 = 500개

   (2) 착과감수과실수

      ① 조사대상주수 = 150 - 10 - 10 - 2 = 128주

      ② 착과감수과실수 : (122 × 128) × 0.3 = 4,685개

   (3) 누적 감수과실수 추가 여부 : 500 + 4,685 = 5,185개 > 16,640 × 0.06 = 9,998개

2. 태풍피해

   (1) 낙과감수과실수 : 2,000 × (0.5 - 0.3) × 1.07 = 428개

3. 누적감수량

   (1) 누적감수과실수 : 5,185 + 428 = 5,613개

   (2) 누적감수량 : 5,613 × 0.3 = 1,684kg

4. 자기부담감수량 = 600 - (1,008 - 181) = -227 = 0kg

6. 과실손해보험금 = (1,684 - 0) × 5,000 = 8,420,000원

[나무손해보험금]

1. 보험가입금액＝150×100,000＝15,000,000원

2. 피해율＝$\dfrac{10}{150}$＝6.67%

3. 보험금＝15,000,000×(0.0667－0.05)＝250,500원

✓ 채점 : 착과감소보험금 6점,　과실손해보험금 6점,　나무손해보험금 3점

2025년 제11회 손해평가사 2회차 정답 및 해설

[문제 1]

답 : ① 합리적, ② 신의성실, ③ 수기, ④ 보험자, ⑤ 계약자

√ 채점 : 각 1점

④ '작성자 불이익의 원칙'이므로 보험자 대신 '작성자'도 정답으로 인정되어야 할 것으로 판단된다.

[문제 2]

답 : 불예측성, 광역성, 동시성·복합성, 계절성, 피해의 대규모성, 불가항력성 (중 5개)

√ 채점 : 각 1점. 동시성·복합성을 하나로 인정

[문제 3]

답 : 방풍망 측면 일부 설치 3%+방조망 5%=8%

해 : 방재시설 판정기준 (망구멍. 새(방조망 10mm 초과) > 바람(방풍망 6~10mm) > 벌레(방충망 6mm 이하))

- 방풍망 측면 일부 3% / 측면 전부 10% : 망구멍 6~10mm 망목네트. 둘레 전체 또는 둘레 일부(1면 이상 또는 전체 둘레 20% 이상)
- 방조망 5% : 망구멍 10mm 초과 망목네트. 주+보조 지주대 설치해 과수원 전체 피복. 위와 측면을 덮도록
- 방충망 15% : 망구멍 6mm 이하 망목네트. 과수원 전체 피복. "위와 측면 전체" 피복
- 살수장치 20% : 살수량 500~800ℓ/10a. 급수용 스프링클러는 미포함 → 방상팬 및 살수장치=동상해 특약 가입시 동상해특약보험료 산출에만 적용 가능

[문제 4]

답 : ① 연소, ② 화재손해, ③ 파열, ④ 소각, ⑤ 방사성

√ 채점 : 각 1점

[문제 5]

답 : ① 150일, ② 9월 15일, ③ 6월 15일, ④ 8월 31일, ⑤ 9월 25일

[문제 6]

답 : 1. 가격조항

　　① 백태

　　② 서리태

　　③ 평균 수매가격

2. 가격 산출

　　① 기준가격 = {(5,500 + 5,700 + 5,750 + 6,150 + 6,600) ÷ 3} × 0.85 = 4,986원

　　② 수확기가격 = {(6,200 + 6,500) ÷ 2} × 0.85 = 5,397원

3. 보험료

　　① 보험가입금액 = 3,000 × 4,986 = 14,950,000원

　　② 보험료 = 14,950,000 × 0.08 × (1 - 0.08) × (1 - 0.1) = 990,288원

√ 채점 : 물음 1) 각 1점

해 : 1. 장류 및 두부용, 밥밑용 콩 기준가격, 수확기가격

　　① 기준가격 = 과거 5년 연도별 중품·상품 평균값의 올림픽 평균값 × 과거 5년 농가수취
　　비율의 올림픽 평균값 → 과거 5년 (연도별 중상품 평균값 올평값 × 농수비 올평값)

　　② 수확기가격 = 수확년도 중품·상품 평균값 × 과거 5년 농가수취비율의 올림픽 평균
　　값 → 수확년도 중상품 평균값 × 과거 5년 농수비 올평값

　　③ 평균가격 산정 시 중품 및 상품 중 어느 하나의 자료가 없는 경우, 있는 자료만을
　　이용하여 평균 가격을 산정

2. 콩 방재시설 할인율 : 전기시설물(전기철책·전기울타리), 관수시설(스프링클러 등),
　　배수시설(암거배수시설·배수개선사업. 중복 시 5% 적용) 각 5%

[문제 7]

답 : 1. 평년수확량 (최근 7년 중 4년 이상 가입)

    (1) 계산

        ① $A = (4,000 + 5,500 + 3,600) \div 3 = 4,367$kg

        ② $B = 5,000$kg

        ③ $C = 5,000$kg

        ④ $Y = 3$

        ⑤ 평년수확량 $= [4,367 + (5,000 - 4,367) \times (1 - \frac{3}{5})] \times \frac{5,000}{5,000} = 4,620kg$

    (2) 최근 7년간 과거수확량의 올림픽 평균값 $= (\cancel{5,500} + 4,000 + 5,500 + \cancel{3,600}) \div 2 = 4,750$kg

    (3) 평년수확량 $= \min\{\max(4,620, \ 4,750), \ 5,000 \times 1.3\} = 4,750$kg

2. 보험가입금액 $= 4,750 \times 5,000 = 23,750,000$원

3. 보험금

    ① 미보상감수량 $= (4,750 - 3,000) \times 0.1 = 175$kg

    ② 피해율 $= \dfrac{4,750 - 3,000 - 175}{4,750} = 33.16\%$

    ③ 보험금 $= 23,750,000 \times (0.3316 - 0.2) = 3,125,500$원

✓ 채점 : ① 평년수확량 10점,　② 보험가입금액 2점,　③ 보험금 3점

해 : 유자의 평년수확량, 가입수확량

    1. 최근 7년 중 4년 이상 가입이력이 있는 과수원

      • ① 평년수확량 산출식에 따라 계산한 평년수확량과 ② <u>최근 7년간 가입이력 중 최대·최소 과거수확량 1개씩을 제외하고 계산한 평년수확량</u> 중 더 큰 값을 적용

      • ② = 최근 7년 과거수확량(a)의 올림픽 평균값 (2과목 및 약관)

    2. $\min\{\max(①, ②), \ 가입년도 \ 표준수확량 \ 130\%\}$

3. 본 문제는 1과목, 2과목에 기술된 내용이 아래와 같이 각각 결함이 있으므로 출제 확률
   이 높지는 않지만, 2025년에 "평년수확량"에 해당 내용이 편입되어 적용 범위가 명확
   해 졌으므로 출제에 대비한다.

   ① 1과목 : 계산된 평년수확량과 '최근 7년간 가입이력 중 최대·최소 과거수확량 1개
      씩을 제외하고 계산한 평년수확량' 중 더 큰 값을 적용 → 마치 최근 7년 과거수
      확량의 올림픽 평균값을 A값으로 적용해 다시 한 번 평년수확량을 재계산한 후,
      산출식에 따라 계산된 평년수확량과 비교하는 듯 기술. 그러나 이 경우 평년수확
      량을 재계산할 때의 Y값, B값 등에 관한 내용이 없다.

   ② 2과목 : 평균수확량보다 최근 7년간 과거수확량의 올림픽 평균값이 더 클 경우
      올림픽 평균값을 적용 → 평균수확량으로 오타

   ③ 약관의 평년수확량 : 최근 7년간 과거수확량의 올림픽 평균값이 더 클 경우 그 값
      을 적용

[문제 8]

답 : 1. 보험료

   ① 단기요율＝4개월 50%＋가산(3월, 6월) 20%＝70%

   ② 종별요율＝1종. 0.7

   ③ 보험료＝4,500,000×0.1×0.7×0.7＝220,500원

2. 보험금

   ① 피해율＝0.8×0.6×(1-0)＝48%

   ② 경과비율＝91.7%

   ③ 보험금＝20,000×450×0.917×0.48＝3,961,440원

   ④ 보험가액＝20,000×450＝9,000,000원

   ⑤ 보험금＝3,961,440×(4,500,000÷9,000,000)＝1,980,720원

3. 환급보험료

   ① 일 단위 계약자부담 보험료＝{220,500×0.9×(1-0.9)}÷120＝165.375원

      또는, {4,500,000×0.09×0.7×0.7×(1-0.9)}÷120＝165.375원

   ② 환급보험료＝165.375×30＝4,961.25원

해 : 시설작물, 버섯

1. 생산비보장보험금 계산 후 확인

    ① 소손해 면책금 초과

    ② 보험가입금액 < 피해작물 ㎡당 보장생산비×피해작물 재배면적인 경우 : 계산된 생산비보장 보험금×{보험가입금액÷(피해작물 ㎡당 [1]보장생산비×피해작물 재배면적)}

    • 장미 보험가액＝[1]나무 고사 보장생산비 적용

2. 새송이 버섯 경과비율 : 91.7%(고정값)

3. 시설작물, 버섯 환급보험료

    ① 책임 없는 사유:

    • 무효 : 납입한 계약자부담보험료의 전액

    • 효력상실 또는 해지 : 경과하지 않은 기간에 대하여 일 단위로 계산한 계약자부담보험료

    ② 책임 있는 사유:

    • 이미 경과한 기간에 대하여 단기요율(1년 미만의 기간에 적용되는 요율)로 계산된 보험료를 뺀 잔액

    • 계약자, 피보험자의 고의 또는 중대한 과실로 무효: 환급보험료 없음

[문제 9]

답 : 1. 보험금

① 목적물 보험금＝$\min\left(6{,}000{,}000 \times \dfrac{400}{600},\ 4{,}000{,}000\right) \times (1-0.2) = 3{,}200{,}000$원

② 잔존물 처리비용 : 매몰비용은 인정하지 않음

    • $\min(300{,}000,\ 6{,}000{,}000 \times 10\%) = 300{,}000$원

    • $300{,}000 \times \dfrac{400}{600} \times (1-0.2) = 160{,}000$원

    • $\min(3{,}200{,}000 + 160{,}000,\ 4{,}000{,}000) = 3{,}360{,}000$원

③ 보험금＝$3{,}200{,}000 + 160{,}000 = 3{,}360{,}000$원

또는, $\min\{(6{,}000{,}000 + 300{,}000) \times (400 \div 600) \times (1-0.2),\ 4{,}000{,}000\} = 3{,}360{,}000$원

2. 법정전염병을 제외한 질병 또는 각종 사고(풍해·수해·설해 등 자연재해, 화재)로 인한 폐사

3. ① 계약 후 알릴 의무 위반

② 그 사실을 안 날로부터 1월 내에 계약을 해지할 수 있다.

해 : 가축 계약 후 알릴 의무

1. 위반한 경우 : 보험자는 그 사실을 안 날로부터 1월 내에 계약을 해지할 수 있다.

2. 이행한 경우

① 위험이 감소된 경우 : 차액보험료 환급

② 위험이 증가된 경우 : 통지를 받은 날부터 1개월 이내에 보험료의 증액을 청구하거나 계약을 해지할 수 있다.

[문제 10]

답 : 1. 인삼 보험료

① 인수 가능

② 가입년도 기준 6년근. 2년근 미만 또는 6년근 이상 인삼은 인수 제한이지만, 직전년도 인삼 1형 상품에 5년근으로 가입한 농지에 한하여 6년근 가입 가능하다.

③ 보험료

- 보험가입금액 = $2,000 \times 17,600 = 35,200,000$원

- 보험료 = $35,200,000 \times 0.1 \times (1 - 0.13) \times (1 - 0.05) = 2,909,280$원

2. 해가림시설 보험가입금액

① 목재 설치 면적 = $1,000 \times 6,000 \times (1 - 0.3999) = 3,600,600$원

- 감가상각률 = $^13 \times 0.1333 = 39.99\%$

② 철재 설치 면적 = $1,000 \times 9,500 \times (1 - 0.2664) = 6,969,200$원

- 감가상각률 = $6 \times 0.0444 = 26.64\%$

- 경과년수 = $2025.\,05 - {}^22019.\,04 = 6$년 1개월 = ^{36}년

③ 농지 보험가입금액 = $3,600,600 + 6,969,200 = 10,569,800$원 = $10,560,000$원

3. 해가림시설 보험료 = $10,560,000$원 $\times 0.1 \times (1 - 0.1) = 950,400$원

해 : 1. 인삼

① 연근별 보상가액 : 1형 = 보험가입연도의 연근, 2형 = 보험가입연도의 연근 + 1년

② 방재시설 할인율 : 관수시설 5%

2. 해가림시설 감가상각법

   (1) 설치 재료에 따른 감가상각법

     ① '1개 농지 내' 감가상각률이 상이한 재료로 설치된 경우(목재＋철재) : 재료별로 설치구획이 나뉘어져 있는 경우만 인수 가능. 각각의 면적만큼 구분하여 가입

     ② 동일 재료(목재 또는 철재) 설치 : 설치시기(경과년수)가 다른 구조체 상존 → [1]가장 넓게 분포한 구조체 설치 시기 적용

   (2) 설치 시기에 따른 감가상각법

     ① 계약자에게 설치 시기 고지 받아 해당 일자를 기초로 감가상각

       • 최초 설치시기 특정 어려운 경우 → 인삼 정식시기와 동일한 시기로 함

     ② 구조체 재사용한 경우 → [2]최초 설치 시기를 기초로 함

       • 최초 설치 시기를 알 수 없는 경우 최초 구입 시기를 기초로 함

   (3) 11회 「농업재해보험·손해평가의 요령」 기준 감가상각

     ① 보험가입금액＝[3]연 단위

     ② 보험가액 및 손해액＝월 단위(사고연월－최초 구조체 구입연월)

3. 해가림시설 보험료＝보험가입금액×지역별 영업요율×(1＋인삼 6년근 해가림시설 할인율 10%

[문제 11]

답 : 브로콜리 10구＋가을 무 10구＋대파 50구＝70구

✓ 채점 : 부분 점수 없음

해 : • 브로콜리 : 연속하는 10구의 작물피해율

  • 무(고랭지·가을·월동) : 연속하는 10구의 손해정도비율

  • 파(대파, 쪽파·실파) : 연속하는 50구의 손해정도비율

[문제 12]

답 : 1. 생후 22주령 : $10,000 \times \{1 - (28 - 22) \times 0.029\} = 8,260$원

   2. 생후 40주령 : $10,000 \times \{1 - (40 - 28) \times 0.019\} = 7,720$원

   3. 생후 81주령 : $10,000 \times \{1 - (78 - 28) \times 0.019\} = 500$원

✓ 채점 : 1개＝1.5점, 2개＝3점, 3개＝5점

[문제 13]

답 : 1. 주당 평년수확량

    ① A 품종 $= (5,500 \times \dfrac{3,900}{6,000}) \div 100 = 36kg$

    ② B 품종 $= (5,500 \times \dfrac{2,100}{6,000}) \div 50 = 39kg$

2\. 개당 과중 : 1차 조사 과중 적용

    A 품종 = 2,000÷20 = 100g/개, B 품종 = 2,400÷20 = 120g/개

3\. 착과량

    ① 조사대상주수 = 95+50 = 145주. 농지 전체 적정 표본주수 7주

    ② 품종별 최소 표본주수 : A품종 $= 7 \times \dfrac{95}{145} = 5$주, B품종 $= 7 \times \dfrac{50}{145} = 3$주

    ③ 착과량 $= [(32,000 \times 0.1) + (5 \times 36)] + [(50 \times \dfrac{600}{3} \times 0.12) + (0 \times 39)] = 4,580kg$

해 : 포도, 복숭아, 자두, 만감류 과중조사

1\. 적용 과중

    ① 하나의 품종에 대하여 여러 차례의 과중조사가 실시된 경우: 최초 조사 값을 적용

    ② 재조사 또는 검증조사로 조사 값이 변경된 경우: 재조사 또는 검증조사의 조사 값을 적용

2\. 과중조사 및 착과피해조사 최소 표본과실수: 품종별 3주 이상의 표본주 / 품종별 20개 이상 / 농지당 포도·만감류-30개 이상, 복숭아·자두 40개 이상

[문제 14]

답 : 1. 실제결과주수 = 280+10+16 = 306주

2\. 보험가입금액 = 306×100,000 = 30,600,000원

3\. 피해율 = 26÷306 = 8.5%

    • 피해주수 10+16 = 26주 (아래 해설 참조)

4\. 보험금 = 30,600,000×(0.085-0.05) = 1,071,000원

해 : 나무 분류 기준 : 가입 이후+보험기간 내+보장하는 재해+고사 여부 → 기준이 되는 나무수가 살아있는 나무수 또는 식재된 나무수인지 구분 후 실제결과주수 계산에 추가 또는 차감 여부 결정

1\. 과수 4종 나무특약 보험기간 : 2월 1일~1월 31일

2. 분류

　① 4월 건조해 고사 10주: 가입 이후+보험기간 내+보장하는 재해+고사 → 나무특약 피해주수. 고사한 나무이므로 살아있는 280주에 추가

　② 5월 화재 수확불능 8주: 가입 이후+보험기간 내+보장하는 재해+수확불능 → 나무특약 피해주수 아님. 살아있는 280주에 이미 포함되어 있으므로 추가하지 않음

　③ 1월 동해 고사 5주: 가입 이전+고사주수 → 실제결과주수에 포함되지 않으며, 고사한 나무이므로 살아있는 280주에서 차감하지 않음

　④ 6월 조수해 4주: 가입 이후+보험기간 내+보장하는 재해+피해 → 나무특약 피해주수 아님. 살아있는 280주에 이미 포함되어 있으므로 추가하지 않음

　⑤ 12월 동해 고사 6주: 가입 이후+보험기간 내+보장하는 재해+고사 → 나무특약 피해주수. 고사한 나무이므로 살아있는 280주에 추가

[문제 15]

답 : 1. 과실손해피해율 $= \dfrac{(30 \times 0.5) + (20 \times 0.3 + 10 \times 0.5) \times 0.5}{20 + 30 + 20 + 10} \times (1 - 0.1) = 23.06\%$

2. 손해액 $= 40{,}000{,}000 \times 0.2306 = 9{,}224{,}000$원

3. 자기부담금 $= 40{,}000{,}000 \times 0.15 = 6{,}000{,}000$원

4. 과실손해보험금 $= 9{,}224{,}000 - 6{,}000{,}000 = 3{,}224{,}000$원

해 : 1. 온주밀감류 과실분류

　① 보장하는 재해로 과육은 피해가 없고 과피 전체 표면 면적의 10% 내의 피해가 있는 과실 : 20개 → 정상

　② 보장하는 재해로 과육은 피해가 없고 과피 전체 표면 면적의 30%의 피해가 있는 경우 : 30개 → 등급 내 50% 형

　③ 과실의 크기만으로 등급 외 크기이면서 무피해 과실 : 20개 → 등급 외 30% 형

　④ 과실의 크기만으로 등급 외 크기이면서 보장하는 재해로 과육은 피해가 없고 과피 전체 표면 면적의 30% 피해가 있으며 과실 횡경이 75㎜인 과실 : 10개 → 등급 외 50% 형

[문제 16]

답 : 1. 표본조사 피해율

　① ㎡당 평년수확량＝0.5kg

　② 조사대상면적＝5,000－400－200＝4,400㎡

　③ 표본구간 면적 합계＝(1×0.3)×6＝1.8㎡

　④ 표본구간 ㎡당 유효중량＝$[\dfrac{0.54 \times 0.93 \times \dfrac{0.84}{0.87}}{1.8}] = 0.27kg$

　⑤ 수확량＝(4,400×0.27)＋(200×0.5)＝1,288kg

　⑥ 미보상감수량＝(2,500－1,288)×0.1＝121kg

　⑦ 피해율＝(2,500－1,288－121)÷2,500＝43.64%

2. 전수조사 피해율

　① 수확량＝{1,320×(0.84÷0.87)}＋(200×0.5)＝1,374kg

　② 미보상감수량＝(2,500－1,374)×0.1＝113kg

　③ 피해율＝(2,500－1,374－113)÷2,500＝40.52%

3. 지급보험금＝6,000,000×(0.4052－0.2)＝1,231,200원

해 : 1. 기준함수율: 메벼 15% － 분질미, 콩, 팥 14% － 찰벼, 밀, 보리, 귀리 13%

2. 표본조사 : ×(1－loss율 0.07)×{(1－조사함수율)÷(1－기준함수율)}

3. 전수조사 : ×{(1－조사함수율)÷(1－기준함수율)}

4. 동일 농지에 복수 조사 실시한 경우 피해율 산정의 우선 순위 : ① 전수 ② 표본
　　③ 수량요소조사

[문제 17]

답 : 1. 재파종 보험금

① 표준피해율 = $\dfrac{30{,}000 - 24{,}000}{30{,}000} = 20\%$

② 재파종보험금 = 20,000,000 × 0.25 × 0.2 = 1,000,000원

2. 경작불능보험금

① 식물체 피해율 = $\dfrac{2{,}100}{3{,}000} = 70\%$. 지급대상

② 경작불능보험금 = 10,000,000 × 0.4 = 4,000,000원

3. 수확감소보험금

(1) ① 조사대상면적 = 3,000 - 200 - 2,100 = 700㎡

   ② ㎡당 평년수확량 = 4,000 ÷ 3,000 = 1.33kg

(2) 표본구간 ㎡당 수확량

   ① 잔여일수에 따른 비대추정지수 = 1 + (0.008 × 7) = 1.056

   ② 난지형 환산계수 = 0.72

   ③ 표본구간 ㎡당 수확량 = $\dfrac{(4 + 4 \times 0.2) \times 1.056 \times 0.72}{6} = 0.61\%$

(3) 수확량

   ① 수확량 = (700 × 0.61) + (200 × 1.33) = 693kg

   ② 미보상감수량 = (4,000 - 693) × 0.1 = 331kg

(4) 피해율 및 보험금

   ① 피해율 = $\dfrac{4{,}000 - 693 - 331}{4{,}000} = 74.4\%$

   ② 보험금 = 20,000,000 × (0.744 - 0.2) = 10,880,000원

해 : 1. 조기파종보장 특별약관

① 한지형 마늘 보험상품 최초 판매개시일 24시 이전에 보장하는 재해로 + 식물체 주수가 3만주(10a) 미만 + 10/31 이전에 3만주(10a) 이상 재파종

② 보험기간 : 계약 24시 ~ 한지형 마늘 보험상품 최초 판매개시일 24시 → 보장종료 이후 보통약관 보장개시

2. 마늘 표본구간 ㎡당 수확량

① {표본구간 정상 작물 중량 + (80% 피해 작물 중량 × 0.2) × 환산계수 × (1 + 비대추정지수)} ÷ 표본면적 합계

② 환산계수 : 난지형(남도종·대서종) 및 홍산 품종 0.72, 한지형(의성) 0.7

③ 비대지수 : 0.8%/일

[문제 18]

답 : 1. 꽃 피해조사 미실시

① 잔여수확량비율$=\max\left(1-\dfrac{8}{30},\ 0\right)=73.33\%$

② 과실손해피해율$=\dfrac{50\times0.7333}{120}=30.55\%$

③ 피해율$=0.3055\times(1-0.1)=27.50\%$

④ 보험금$=10,000,000\times(0.2750-0.2)=750,000$원

2. 꽃 피해조사 실시

① 꽃눈 고사율$=\dfrac{20}{50}=40\%$

② 꽃 고사율$=\dfrac{84}{210}=40\%$

③ 최종 꽃 고사율$=0.4+(1-0.4)\times0.4=64\%$

④ 최종 꽃 피해율$=0.64\times0.7=44.8\%$

⑤ 잔여수확량비율$=\max\left(1-\dfrac{8}{30},\ 0\right)=73.33\%$

⑥ 과실손해피해율$=\dfrac{50\times0.7333}{120}=30.55\%$

⑦ 피해율$=0.448+\{(1-0.448)\times0.3055\times(1-0.1)\}=59.98\%$

⑧ 보험금$=10,000,000\times(0.5998-0.2)=3,998,000$원

해 : 과실손해피해율$=\dfrac{\Sigma\ \text{재배종별 표본가지 피해과실수}\times\text{재배종별 잔여수확량비율}}{\Sigma\ \text{재배종별 표본가지 전체과실수}}$.

미보상비율 반영 전의 값임에 주의한다.

[문제 19]

답 : 1. 손해액

① 감가상각률 $=0.08 \times \dfrac{26}{12} = 17.33\%$

② 1동 손해액 $=100 \times 20,000 \times (1-0.1733) = 1,653,400$원

③ 2동 손해액 $=300 \times 20,000 \times (1-0.1733) = 4,960,200$원

④ 단지 손해액 합계 $=6,613,600$원

2. 지급보험금의 계산방법이 같은 경우

① 보험가입금액 합계 1,800+2,000=3,800만원 > 보험가액 2,000만원

② B사 보험금 $=6,613,600 \times \dfrac{1,800}{3,800} = 3,132,758$원

③ C사 보험금 $=6,613,600 \times \dfrac{2,000}{3,800} = 3,480,842$원

3. 지급보험금의 계산방법이 다른 경우

(1) 각 사 독립책임액

① B사 $= (6,613,600 - 0, 18,000,000) = 6,613,600$원

② C사 $= (6,613,600 - 0, 20,000,000) = 6,613,600$원

(2) 각 사 보험금

① B사 $=6,613,600 \times \dfrac{6,613,600}{13,227,200} = 3,306,800$원

② C사 $=6,613,600 \times \dfrac{6,613,600}{13,227,200} = 3,306,800$원

해 : 1. 농업용 시설물 감가율 : 고정식 단동하우스. 내용연수 10년, 경년감가율 8%, 월 단위 감가

2. 동일한 계약의 목적과 사고에 관한 보험금 계산 방법

• 다른 계약이 이 계약과 지급보험금의 계산 방법이 같은 경우:

$$손해액 \times \dfrac{이\ 계약의\ 보험가입금액}{다른\ 계약이\ 없는\ 것으로\ 하여\ 각각\ 계산한\ 보험가입금액의\ 합계액}$$

• 다른 계약이 이 계약과 지급보험금의 계산 방법이 다른 경우:

$$손해액 \times \dfrac{이\ 계약에\ 의한\ 보험금}{다른\ 계약이\ 없는\ 것으로\ 하여\ 각각\ 계산한\ 보험금의\ 합계액}$$

[문제 20]

답 : 1. 착과감소보험금

   (1) 착과감소량

      ① 착과감소과실수(평년착과수-적과후착과수) = 30,000 - 23,000 = 7,000개

      ② 유과타박율 = 80 ÷ (80 + 220) = 26.67%

      ③ 나무피해율 = (5 + 5 + 13) ÷ 200 = 11.5%

         • 과실침수율 = 100 ÷ 150 = 66.67%

         • 침수주수 = 20 × 0.6667 = 13주

      ④ 최대인정피해율 = max(26.67%, 11.5%) = 26.67%

      ⑤ 최대인정감소과실수 = 30,000 × 0.2667 = 8,001개

      ⑥ 착과감소량 = {min(7,000, 8,001)} × 0.3 = 2,100kg

   (2) 미보상감수량 = {(7,000 × 0.1) + (5 × 150)} × 0.3 = 435kg

      • 주당 평년착과수 = 30,000 ÷ 200 = 150개

   (3) 기준착과수 = 23,000 + 7,000 = 30,000개

   (4) 자기부담감수량 = 30,000 × 0.3 × 0.15 = 1,350kg

   (5) 착과감소보험금 = (2,100 - 435 - 1,350) × 6,000 × 0.5 = 945,000원

2. 과실손해보험금

   (1) 태풍

      ① 나무감수과실수 = 5 × 100 × (1 - 0) = 500개

      ② 낙과감수과실수 = 3,800 × (0.35 - 0) × 1.07 = 1,423개

   (2) 우박

      ① 사고당시착과수 = 23,000 - 500 - 3,800 - 5,700 = 13,000개

      ② 착과감수과실수 = 13,000 × (0.48 - 0) = 6,240개

   (3) 누적감수량 : (500 + 1,423 + 6,240) × 0.3 = 2,449kg

   (4) 자기부담감수량 = 1,350 - (2,100 - 435) = -315kg = 0kg

   (5) 과실손해보험금 = (2,449 - 0) × 6,000 = 14,694,000원

[문제 1]

답 : ① 재해 농가의 손실 회복

② 농가의 신용력 증대

③ 농촌지역 경제 및 사회 안정화

④ 농업정책의 안정적 추진

⑤ 재해 대비 의식 고취

⑥ 농업 투자의 증가

⑦ 지속 가능한 농업 발전과 안정적 식량 공급에 기여

✓ 채점 : 7개 중 5개 이상, 각 1점

[문제 2]

답 : 역선택과 도덕적 해이

✓ 채점 : 각 2.5점

[문제 3]

답 : 1. 종실비대기,   2. 70%,   3. 50%,   4. 2/3,   5. 50%

✓ 채점: 각 1점

[문제 4]

답 : ① 일 단위, ② 단기요율, ③무효, ④ 1년, ⑤ 전액

✓ 채점 : 각 1점

[문제 5]

답 : 1. 조사료용 벼

    ① 가입면적＝800＋800＋800＝2,400㎡

    ② 보험가입금액＝2,400×1,500＝3,600,000원

    ③ 보험금＝3,600,000×0.4×0.85＝1,224,000원

  2. 사료용 옥수수

    ① 가입면적＝800＋800＝1,600㎡

    ② 보험가입금액＝1,600×1,500＝2,400,000원

    ③ 보험금＝2,400,000×0.4×0.8＝768,000원

✓ 채점 : 각 2.5점

해 : 보험가입금액

1. 가입기준

① 조사료용 벼 : 개별 농지당 최저 가입면적 1,000㎡, 각각 가입면적 1,000㎡ 미만의 농지라도 인접 농지의 면적과 합하여 1,000㎡ 이상이 되면 통합하여 하나의 농지로 가입할 수 있음, 통합하는 농지의 개수 제한은 없음

② 사료용 옥수수 : 개별 농지당 최저 가입면적 1,000㎡, 각각 가입면적 1,000㎡ 미만의 농지라도 인접 농지의 면적과 합하여 1,000㎡ 이상이 되면 통합하여 하나의 농지로 가입할 수 있음, 통합하는 농지는 2개까지만 가능

2. 조사료용 벼, 사료용 옥수수 : 가입면적×㎡당 보장생산비

3. 조사료용 벼, 사료용 옥수수 경작불능보험금＝보험가입금액×보장비율×경과비율

4. 경과비율

① 조사료용 벼 : 5/6/7/8월 – 80/85/90/100%

② 사료용 옥수수 : 5/6/7/8월 – 80/80/90/100%

[문제 6]

답 : 1. 평년결실수

　　① A = (121 + 80 + 187 + 110) ÷ 4 = 125개

　　② B = 170개

　　③ 평년결실수 = $(125 \times \frac{4}{5}) + [170 \times (1 - \frac{4}{5})] = 134$개

　2. 보험금

　　① 보험가입금액 = $(30 \times 300) \times 7,000 \times \frac{134}{170} = 49,658,823.53 = 49,650,000$원

　　② 피해율 = $\frac{134 - 90 - 4}{134} = 29.85\%$

　　③ 보험금 = $49,650,000 \times (0.2985 - 0.15) = 7,373,025$원

✓ 채점 : ① 5점,　② 10점

해 : 1. 오디 평년결실수 = (A×Y/5) + {B×(1-Y/5)}

　　① A : 과거 평균 결실수

　　② B : 품종별 표준결실수 (「농업재해보험·손해평가의 요령」에는 평균표준결실수
　　　　로 되어 있다)

　2. 오디 보험가입금액 = 표준수확량×표준가격×(평년결실수÷표준결실수). (천원 단위
　　절사)

[문제 7]

답 : 1. 기준가격

    ① 농가수취비율의 과거 5년 올림픽 평균값 = (77 + 76 + 78) ÷ 3 = 77%

    ② 기준가격 = {(5,000 + 5,200 + 4,800) ÷ 3} × 0.77 = 3,850원

2. 수확기가격

    ① 2024년도 연도별 평균가격 = 100,000,000 ÷ 25,000 = 4,000원

    ② 수확기가격 = 4,000 × 0.77 = 3,080원

3. 보험료

    (1) 기준수입 = 2,000 × 3,850 = 7,700,000원

    (2) 실제수입

      ① 손해액 = (3,850 - 3,080) × (2,000 - 600) + (3,850 × 600) = 3,388,000원

      ② 실제수입 = 7,700,000 - 3,388,000 = 4,312,000원

    (3) 피해율 = $\dfrac{7,700,000 - 4,312,000}{7,700,000} = 44\%$

    (4) 보험금 = 7,700,000 × (0.44 - 0.2) = 1,848,000원

해 : 농업수입안정보장 옥수수

1. 연도별 평균가격 = $\dfrac{총\ 거\ 래\ 액}{총\ 출\ 하\ 량}$

2. 2024년도 옥수수(농업수입안정) 가입 농지의 평년수확량은 표준수확량의 100%를 일괄적용

3. 실제수입 = 기준수입 - 손해액

4. 손해액

    ① 기준가격 ≥ 수확기가격 :

      (기준가격 - 수확기가격) × (평년수확량 - 피해수확량) + (기준가격 × 피해수확량)

    ② 기준가격 < 수확기가격 : 기준가격 × 피해수확량

    ③ 평년수확량 : 2024년도는 표준수확량의 100% 적용

[문제 8]

답 : 1. 양송이버섯

   ① 최소 보험가입금액 = 600 × 10,000 × 0.5 = 3,000,000원

   ② 단기요율 : 4개월 50% + 9, 11, 12월 가산 30% = 80%

   ③ 보험료 = 3,000,000 × 0.1 × 0.7 × 0.8 = 168,000원

2. 사과

   (1) 보험가입금액 = 3,000 × 5,000 = 15,000,000원

   (2) 자기부담비율 10%인 경우 국고지원율 33%

   (3) 총지원보험료

     ① 영업보험료 = 15,000,000 × 0.1 × (1 - 0.13) × (1 - 0.05) × (1 - 0.2) = 991,800원

     ② 순보험료 중 지원보험료 = 991,800 × 0.9 × (0.33 + 0.3) = 562,350원

     ③ 부가보험료 = 991,800 × 0.1 = 99,180원

     ④ 총지원보험료 = 562,350 + 99,180 = 661,530원

        또는, (991,800 × 0.1) + {991,800 × 0.9 × (0.33 + 0.3)} = 661,530원

3. 인삼 해가림시설

   ① 보험가입금액 = 1,000 × 7,200 × (1 - 0.444) = 4,000,000원

   ③ 보험료 = 4,000,000 × 0.1 × 1.0 × (1 - 0.1) = 360,000원

해 : 1. (시설작물 및) 버섯

   ① 보험가입금액 : 하우스 단지별 연간 재배 예정인 버섯 중 생산비가 가장 높은 버섯 가액의 50~100% 범위 내 계약자가 10% 단위로 가입금액 결정

   ② 버섯재배사 경량철골조 : 종별 요율 상대도 0.7

   ③ 보험료 = 보험가입금액 × 지역별·종별보험료율 × 단기요율 적용지수

2. 사과

   ① 자기부담비율 10% 시 국고지원율 33%

   ② 부보장 및 한정보장 특약 할인율 적용

   ③ 방재시설 할인율

- 개별지주 할인율 : 미해당
    - 사과 개별지주 : 나무주간부 곁에 파이프나 콘크리트 기둥을 세워 "나무를 개별적으로 고정"시키기 위한 시설
    - 단감·떫은감 개별지주 : 나무주간부 곁에 파이프를 세우고 파이프 상단에 연결된 줄을 이용해 "가지를 잡아주는" 시설
- 서리방비용 미세살수장치 : 미해당. 급수용 스프링클러는 포함하지 않음
- 온풍기 : 할인율 20% 적용

3. 해가림시설

① 경년감가율 : 철재 4.44%
- 11회 시험 기준 해가림시설 감가 : 보험가입금액＝연 단위 감가, 보험가액 및 손해액＝월 단위 감가

② 인삼 6년근 재배 해가림시설 할인율 10%

③ 허용적설심 및 허용풍속이 지역별 내재해형 설계기준 100% 이상~120% 미만인 인삼재배시설: 3종. 요율상대도 1.0

[문제 9]

답 : 1. 차액보험료

(1) 계약 당시 계약자부담보험료

① 보험가입금액＝4,000×6,000＝24,000,000원

② [1]손해율 및 가입연수에 따른 할인·할증률: +7%
- 평가기간 3년, 손해율＝$\dfrac{100+100}{50+50+50}=133.33\%$

③ [4]순보험료 대비 정부지원율: 38%
- 최근 2년 연속 가입, 2년간 손해율＝$\dfrac{100}{50+50}=100\%$ → 자기부담비율 15% 형

④ 계약자부담보험료＝24,000,000×0.08×(1＋[1]0.07)×(1－[2]0.2)×(1－[3]0.05)× (1－[4]0.38－0.35)＝421,562원

(2) 차액보험료

① 기준수확량＝3,600kg

② 보험가입금액 감액＝3,600×6,000＝21,600,000원
- 감액비율＝(2,400－2,160)÷2,400＝10%

③ ^{5}감액미경과비율=83%

  • 착과감소보험금 보장수준 : 최근 3년간 누적 적과전 손해율 120% 이상=50%

  • 사과+한정특약 가입+보장수준 50%형

④ 차액보험료={(421,562×0.1)×^{5}0.83}-0=34,989원

2. 환급보험료

① 최종 보험가입금액을 기준으로 산출한 계약자부담보험료=21,600,000×0.08×
(1+^{1}0.07)×(1-^{2}0.2)×(1-^{3}0.05)×(1-^{4}0.38-0.35)=379,406원

② 환급보험료=379,406×0.64=242,819원
또는, {21,600,000×0.08×(1+^{1}0.07)×(1-^{2}0.2)×(1-^{3}0.05)×(1-^{4}0.38-0.35)}×
0.64=242,820원

해 : 1. 계약자부담보험료=가×순%×손×방×부/한×(1-지)

① ^{2}사과 방충망 방재시설 할인율 -20%

② ^{3}한정보장 특약 할인율 -5%

2. 자기부담비율 10(15)%

① 최근 3(2)년 연속 가입 및 3(2)년간 수령한 보험금이 순보험료의 120% 미만

② 2025 적종 자기부담비율에 따른 순보험료 대비 정부지원율 : 10% 형=33% 지
원, 15% 형=38% 지원, 20% 형=50% 지원, 30%·40% 형=60% 지원

③ 착과감소보험금 보장수준 : 최근 3년간 누적 적과전 손해율이 120% 이상 → 50%

3. 차액보험료

① 기준수확량 < 가입수확량 → 보험가입금액 감액

② ^{5}감액미경과비율 83% : 사과+착과감소보험금 보장수준 50%+특정위험 5종 한
정보장 특별약관 가입

  • 사과·배 6월, 단감·떫은 감 7월 미경과비율 표의 비율임을 참고한다.

4. 환급보험료

① 환급보험료 계산 시 계약자부담보험료 : 최종 보험가입금액을 기준으로 산출한
보험료 중 계약자가 부담한 금액

② 고지·통지의무 해태로 인한 해지=계약자·피보험자의 책임 있는 사유에 의한 해
지 → 환급보험료=계약자부담보험료×해당 월 미경과비율

[문제 10]

답 : 1. 인수 가능 여부 및 이유

    (1) 1번 농지

        ① 인수 제한

        ② 이유 : 전년도 2형 상품에 5년근으로 가입한 경우 올해 6년근. 2년근 미만 또는 6년근 이상 인삼 인수 제한

    (2) 2번 농지

        ① B 농지 가입 가능

        ② 이유 : 최저 보험가입금액 50만원 이상, 가입금액 이상 농지 1개에 가입금액 미만 농지 1개(또는 여러 개)를 구성하여 보험가입금액 50만원 이상으로 가입 불가하므로 B 농지만 가능, 기계이앙, 일반재배방식 모두 가입 가능

    (3) 3번 농지

        ① 인수 제한

        ② 이유 : 1주당 재배면적이 1제곱미터 미만인 과수원 인수 제한

    (4) 4번 농지

        ① 인수 제한

        ② 이유 : 나무수령 2년 미만인 나무로만 구성되면 인수 제한이지만 2년생이므로 인수 가능, (관수시설 및) 방조망 미설치 과수원 인수 제한

    (5) 5번 농지

        ① 인수 제한

        ② 이유 : 출현율 80% 이상, 재식밀도 4,000주/10a 이상으로 인수 가능하지만, 수미 품종은 인수 제한 품종

2. 벼 품목 정부지원보험료

    ① 영업보험료 $= 600,000 \times 0.1 \times (1+0) \times (1+0) \times (1+0) = 60,000$원 (손해율에 따른 할인·할증률 없음, 친환경, 직파재배 할증률 미해당)

    ② 부가보험료 $= 60,000 \times 0.1 = 6,000$원

    ③ 순보험료 $= 60,000 \times 0.9 \times 0.38 = 20,520$원 (자기부담비율 15%형의 순보험료 대비 정부지원율 38%)

    ④ 총 정부지원보험료 $= 20,520 + 6,000 = 26,520$원

✓ 채점 : 물음 1) 각 2점

해 : 1. 인삼 : 2년근 미만 또는 6년근 이상 인삼 인수 제한. 단, 전년도 1형 상품에 5년근으로
가입한 경우에 한해 6년근 가입 가능, 관수시설 5% 할인

2. 벼 : "각각 가입금액 50만원 미만의 농지"라도 인접 농지의 면적과 합하여 50만원 이
상이 되면 통합하여 하나의 농지로 가입 가능
① 가입금액 이상 농지 1개에 가입금액 미만 농지 1개(또는 여러 개)를 구성하여 보
험가입금액 50만원 이상으로 설계 → 가입불가
② 가입금액 미만 농지 3개 이상을 구성하여 보험가입금액 50만원 이상으로 설계 →
가입불가

3. 매실 : 1주당 1㎡ 미만인 경우 인수 제한, 방상팬 15% 할인

4. 블루베리 : 가입시점 기준 나무수령이 2년 미만인 블루베리 나무로만 구성된 과수원 인
수 제한, 방조망 및 관수시설 미설치 과수원(물호스는 관수시설 인정 제외) 인수 제한

5. 가을감자 : 가을재배에 부적합 품종(수미, 남작, 조풍, 신남작, 세풍 등)이 파종된 농
지 인수 제한, 관수시설 5% 할인

[문제 11]

답 : ① 배추$= 1 - \dfrac{46}{50} = 8\%$

② 표고버섯$= 0.663 + (1 - 0.663) \times \dfrac{30}{90} = 77.53\%$

✓ 채점 : 각 2.5점

해 : 시설작물, 시설재배 버섯 경과비율

  1. 시설작물 표준수확일수

    ① 상추, 호박, 오이, 토마토, 고추 외 품목 : 수확개시일부터 수확종료일까지의 일수로 '사전에 설정된 값'

    ② 상추, 호박, 오이, 토마토, 고추 : 수확개시일부터 수확종료일까지의 일수

  2. 시설작물 수확기 중 사고 시 경과비율

    ① 상추, 호박, 오이, 토마토, 고추 외 품목 : 계산된 경과비율이 10% 미만인 경우 10% 적용 단, 표준수확일수보다 실제수확개시일부터 수확종료일가지의 일수가 적은 경우는 제외

    ② 상추, 호박, 오이, 토마토, 고추 : 계산된 경과비율 그대로 적용

    ③ 멜론, 국화, 수박의 경우$= 1$

  3. 버섯

    (1) 준비기 생산비 계수 / 표준생장일수

      ① 느타리(균상) : 67.6% / 28일

      ② 양송이(균상) : 75.3%. / 30일

      ③ 표고(톱밥배지) : 66.3% / 90일

    (2) 경과비율 일자와 관계없이 고정 : 느타리(병) 88.7% / 새송이(병) 91.7%

[문제 12]

답 : 1. 60개

2. 개당 과중 $= \dfrac{2,000 + 1,400 \times 0.8}{60} = 52g$

3. 금차 감수량 $= (100 \times 150 \times 0.052 \times 0.4) + (100 \times 30 \times 0.052 \times 0.2) = 343kg$

해 : 1. 밤 과중조사 : 품종별 3주 이상, 품종별 20개(과수원당 60개) 이상

2. 밤 개당과중 : {정상(30mm 초과) 표본과실 무게 합＋소과(30mm 이하) 표본과실 무게 합×0.8}÷표본과실수

[문제 13]

답 : 1. 메밀, 차, 보리, 팥

2. 메밀, 당근, 팥, 단호박

✓ 채점 : 물음 1), 2) 각 2.5점

해 : 1. 메밀 : 규격의 원형(1㎡) 또는 표본구간의 가로×세로＝1m×1m

2. 차 : 규격의 테(0.04㎡. 20cm×20cm)의 테

3. 밀, 보리, 귀리 산파 재배 또는 이랑 구분이 명확하지 않은 경우 : 50cm×50cm 테

4. 당근 : 표본구간의 가로(이랑 폭)×세로(조사주수)

5. 콩, 팥 산파 재배 : 규격의 원형(1㎡) 또는 표본구간의 가로×세로

6. 단호박 : 가로(이랑 폭)×세로(1m)

✓ 채점: 각 1점

[문제 14]

답 : ① 고의, ② 기망행위, ③ 착오, ④ 승낙의 의사표시, ⑤ 위법

✓ 채점 : 각 1점

[문제 15]

답 : 1. 지급보험금의 계산 방법이 같은 경우

$$① A사 = 10,000,000 \times \frac{40,000,000}{90,000,000} = 4,440,000원$$

$$② B사 = 10,000,000 \times \frac{50,000,000}{90,000,000} = 5,560,000원$$

2. 지급보험금의 계산 방법이 다른 경우

　(1) 각 사의 보험금(독립책임액)

$$① A사 = \min\left(10,000,000 \times \frac{40,000,000}{50,000,000}, \ 40,000,000\right) = 8,000,000원$$

$$② B사 = \min\left(10,000,000, \ 50,000,000\right) = 10,000,000원$$

　(2) 각 사의 보험금

$$① A사 = 10,000,000 \times \frac{8,000,000}{18,000,000} = 4,440,000원$$

$$② B사 = 10,000,000 \times \frac{10,000,000}{18,000,000} = 5,560,000원$$

해 : 1. 보험가입금액의 합계액(4천만원+5천만원)이 보험가액(5천만원)을 초과 : 중복보험
　에 의한 초과보험 형성

　① 다른 계약이 이 계약과 지급보험금의 계산 방법이 같은 경우 :

$$손해액 \times \frac{이\ 계약의\ '보험가입금액'}{다른\ 계약이\ 없는\ 것으로\ 하여\ 각각\ 계산한\ '보험가입금액'의\ 합계액}$$

　② 다른 계약이 이 계약과 지급보험금의 계산 방법이 다른 경우 :

$$손해액 \times \frac{이\ 계약의\ 한\ '보험금'}{다른\ 계약이\ 없는\ 것으로\ 하여\ 각각\ 계산한\ '보험금'의\ 합계액}$$

2. 본 문제는 손해사정사 기출문제이다.

　① 손해평가사 시험 대상인 4개의 시설 중 특정 시설을 대상으로 하지 않고 위와 같
　이 출제될 가능성도 대비한다.

　② 특정 시설로 출제되지 않았으므로, 각 사의 독립책임액을 계산할 때 자기부담금
　차감 여부를 고민할 필요가 없다.

　③ 계산 방법의 동일 여부에 따라 보험가입금액 또는 독립책임액 비율대로 손해액을
　비례 분담한 이후, 계산된 손해액에서 자기부담금의 차감 여부는 제시된 조건대
　로 따른다. ([이론서]에는 이러한 내용은 없으므로 출제 가능성은 높지 않다)

　④ 가축과 축사의 경우 분담된 손해액에서 자기부담금을 차감한다.

[문제 16]

답 : 1. 돼지

  (1) 손해액

    ① 모돈 : $5 \times 490,000 = 2,450,000$원

    ② 포유자돈 : $20 \times 100,000 = 2,000,000$원

    ③ 비육돈 :

      • 110kg 비육돈 수취가격 $= 110 \times 4,400 \times 0.768 = 371,712$원/두

      • $10 \times [150,000 + (110 - 30) \times \dfrac{371,712 - 150,000}{80}] = 3,717,120$원

    ④ 손해액 합계 $= 8,167,120$원

  (2) 목적물 보험금

  $= \min(8,167,120 \times \dfrac{3,000}{3,500}, 30,000,000) \times (1 - 0.1) = 6,300,350$원

  (3) 잔존물 처리비용

  $= \min(500,000 \times \dfrac{3,000}{3,500}) \times (1 - 0.1) = 385,714$원

  (4) $\min(6,300,350 + 385,714, \ 30,000,000) = 6,686,064$원

  (5) 지급보험금 $= 6,300,350 + 385,714 = 6,686,064$원 또는,

  $[(8,167,120 + 500,000) \times \dfrac{3,000}{3,500} \times (1 - 0.1), \ 30,000,000] = 6,686,064$원

2. 축사

  (1) 보험가액 ≥ 보험가입금액 ≥ 보험가액 80%. 전부보험

  (2) 목적물 보험금 $= \min(4,000,000, 10,000,000) \times (1 - 0.1) = 3,600,000$원

  (3) 잔존물 제거비용

    ① $\min(4,000,000 \times 0.1, \ 500,000) = 400,000$원

    ② $400,000 \times (1 - 0.1) = 360,000$원

    ③ $\min(3,600,000 + 360,000, \ 10,000,000) = 3,960,000$원

  (4) 지급보험금 $= 3,600,000 + 360,000 = 3,960,000$원 또는,

  $\min\{4,000,000 + \min(4,000,000 \times 0.1, \ 500,000) \times (1 - 0.1), \ 10,000,000\} = 3,960,000$원

[문제 17]

답 : 1. 수확감소보험금

　　　① ㎡당 평년수확량＝2,800÷3,500＝0.8kg

　　　② 표본구간 ㎡당 유효중량＝$\dfrac{1.2 \times 0.93 \times (1-0.16) \div (1-0.14)}{3} = 0.36kg$

　　　③ 수확량＝(3,000×0.36)+(500×0.8)＝1,480kg

　　　④ 미보상감수량＝0

　　　⑤ 피해율＝$\dfrac{2,800-1,480-0}{2,800} = 47.14\%$

　　　⑥ 보험금＝3,400,000×(0.4714-0.15)＝1,092,760원

　　2. 수확 포기 여부. 아래의 경우에 한함

　　　① 당해연도 11월 30일까지 수확을 하지 않은 경우

　　　② 목적물을 수확하지 않고 갈아엎은 경우(로터리 작업 등)

　　　③ 대상 농지의 수확물 모두가 시장으로 유통되지 않은 것이 확인된 경우

　　3. 수확불능보험금

　　　① 수확불능 대상 여부 : 대상. 제현율이 70% 미만

　　　② 3,400,000×57%＝1,938,000원

해 : 1. 병해충보장 특약 가입 : 미보상비율 적용 사유＝병해충 → 미보상감수량 적용하지 않음

　　2. 분질미 : 기준함수율 14%

　　3. 벼, 맥류 표본조사 수확량 : ×(1-loss율 7%), ×{(1-함수율)÷(1-기준함수율)}

[문제 18]

답 : 1. 인삼

    (1) ㎡당 조사수확량 = 160 ÷ 400 = 0.4kg/㎡

    (2) ㎡당 미보상감수량 = (0.71 - 0.4) × 0.1 = 0.031 = 0.03kg/㎡

    (3) ㎡당 수확량 = 0.4 + 0.03 = 0.43kg/㎡

    (4) 피해율 = $(1 - \dfrac{0.43}{0.71}) \times \dfrac{400}{1,000} = 15.77\%$

    (5) 보험금 = 15,000,000 × (0.1577 - 0.1) = 865,500원

2. 해가림시설

    (1) 보험가액(재조달가액) = 1,000 × 9,500 = 9,500,000원. 전부보험

    (2) 손해액

        ① 경과월수 = 2025.12 - 2018.08 = 7년 4개월 = 88개월

        ② 감가상각률 = 0.0444 × (88 ÷ 12) = 32.56%

        ③ 손해액 = 400 × 9,500 × (1 - 0.3256) = 2,562,720원

    (3) 보험금

        ① 자기부담금 = 2,562,720 × 0.1 = 256,272원.

          100,000원 ≤ 손해액 10% ≤ 1,000,000원

        ② 보험금 = min{(2,562,720 - 256,272), 9,500,000원} = 2,306,448원

해 : 해가림시설 감가상각

  1. 보험가입금액 = 연 단위, 보험가액 및 손해액 = 월 단위 (사고연월 - 최초 구조체 구입 연월)

  2. 재조달가액보장 특약 가입

    ① 보험가액 = 재조달가액

    ② 손해액 = 피해 목적물의 재조달가액 (수리·복구되지 않은 경우 시가(감가상각된 금액))

    ③ 지급보험금의 계산 방법

      • 전부보험, 초과보험 = min(손해액 - 자기부담금, 보험가입금액, 보험가액)

      • 일부보험 = min{(손해액 - 자기부담금) × (보험가입금액 ÷ 재조달가액), 보험가입금액}

[문제 19]

답 :1. 피해인정계수에 따른 과실 분류

① 정상과 : 피해인정계수 0. 피해가 없거나 경미한 과실

② 50% 형 피해과실 : 피해인정계수 0.5. 일반시장에 출하할 때 정상 과실에 비해 50% 정도의 가격하락이 예상되는 품질의 과실 (단, 가공공장공급 및 판매 여부와 무관)

③ 80% 형 피해과실 : 피해인정계수 0.8. 일반시장 출하가 불가능하나 가공용으로 공급될 수 있는 품질의 과실 (단, 가공공장공급 및 판매 여부와 무관)

④ 100% 형 피해과실 : 피해인정계수 1. 일반시장 출하가 불가능하고 가공용으로도 공급될 수 없는 품질의 과실

⑤ 병충해 피해과실 : 피해인정계수 0.5. 세균구멍병 피해를 입은 과실

2. 보험금

(1) 수확감소보험금

(1) 개당 과중 $= 10,000 \div 40 = 250g$

  • 1 품종 농지당 최소 표본과실수 40개

(2) 수확 전 착과량 $= (30,000 \times 0.25) + (5 \times 80) = 7,900kg$

  • 주당 평년수확량 $= 8,000 \div 100 = 80kg$

(3) 착과감수량

  ① 착과피해구성율 $= \dfrac{5 + 10}{40} = 37.5\%$

    • 1 품종 농지당 최소 표본과실수 40개

  ② $26,000 \times 0.25 \times 0.375 = 2,438kg$

(4) 낙과감수량

  ① 낙과피해구성율 $= \dfrac{10 + 20}{60} = 50\%$

    • 1 품종 농지당 최소 표본과실수 60개

  ② $3,000 \times 0.25 \times 0.5 = 375kg$

(5) 사고당 감수량 합계 $= 2,813kg$

(6) 병충해 감수량

  ① 병충해 착과피해구성율 $= \dfrac{10 \times 0.5}{40} = 12.5\%$

  ② 착과감수량 $= 26,000 \times 0.125 \times 0.25 = 813kg$

  ③ 병충해 낙과피해구성율 $= \dfrac{20 \times 0.5}{60} = 16.67\%$

④ 병충해 낙과감수량＝3,000×0.1667×0.25＝125kg

⑤ 병충해 감수량 합계＝938kg

(7) 수확량＝max(8,000, 7,900)-2,813＝5,187kg

(8) 미보상감수량＝(8,000-5,187)×0.1＝281kg

(9) 피해율＝$\dfrac{8,000-5,187-281+938}{8\,000}=43.38\%$

(10) 보험금＝60,000,000×(0.4338-0.2)＝14,028,000원

해 : 복숭아

1. 농지당 최소 표본과실수 : 과중조사·착과피해조사＝40개, 낙과피해조사＝60개

2. 포도, 복숭아, 자두, 만감류 : 착과수조사 이전 사고의 접수가 없거나, 피해사실이 인정되지 않은 경우. 수확량＝max[평년수확량, 착과량]–사고당 감수량의 합

[문제 20]

답 : 1. 착과감소보험금

(1) 품종별 주당 평년착과량

① 평년착과량＝100,000×0.3＝30,000kg

② A＝$(30,000 \times \dfrac{18,000}{34,000}) \div 275 = 79kg.$

③ B＝$(30,000 \times \dfrac{16,000}{34,000}) \div 175 = 81kg$

(2) 착과감소량

① 평년착과수-적과후착과수＝100,000-85,000＝15,000개

② 최대인정피해율＝$\dfrac{20+30+22}{375}=19.2\%$

③ 최대인정감소과실수＝100,000×0.192＝19,200개

④ 착과감소량＝{min(15,000, 19,200)}×0.3＝4,500kg

(3) 미보상감수량＝(4,500×0.1)+(5×81)＝855kg

(4) 기준수확량＝85,000+15,000＝100,000개. 100,000×0.3＝30,000kg

(5) 자기부담감수량＝30,000×0.1＝3,000kg

(6) 착과감소보험금＝(4,500-855-3,000)×7,000×0.7＝3,160,500원

2. 과실손해보험금

    ① 8/10 낙과감수과실수 = 4,000 × 0.5 × 1.07 = 2,140개

    ② 8/10 나무피해감수과실수{(10×200)×1.0} + {(50×100)×1.0} = 7,000개

    ③ 누적감수량 = (2,140 + 7,000) × 0.3 = 2,742kg

    ④ 자기부담감수량 = 3,000 - (4,500 - 855) = 0kg

    ⑤ 과실손해보험금 = (2,742 - 0) × 7,000 = 19,194,000원

✓ 채점 : 착과감소보험금 10점. 과실손해보험금 5점

해 : 1. 적과 종료 전 조수해, 화재로 일부나무에 국한된 피해

    ① 최대인정피해율 = 나무피해율 = (고사주수 + 수확불능주수 + 일부피해주수) ÷ 실제 결과주수

    ② 나무피해율 : 모두 합산해서 계산(다품종, 다중 사고인 경우에도 합산)

    ③ 적과전 종합위험 + 조수해, 화재로 인한 일부 나무 국한 피해(자연재해 미발생) → 적과 종료 이후 착과손해감수과실수 산정하지 않음

2. 사과, 배 + 적과 종료 후 태화지집 낙과감수과실수 : ×1.07

3. 적과 종료 후 나무피해감수과실수 중 일부침수주수 : 과실침수율을 적용하지 않는다.

    • 적과종료 전 특정위험 5종 한정보장 특약 가입 건의 침수피해주수와 비교 : 침수주수 = 침수피해주수 × 과실침수율

2025년 제11회 손해평가사 4회차 정답 및 해설

[문제 1]

📩 : 동질적 위험의 다수 존재, 손실의 우연적 발생, 한정적 손실, 비재난적 손실, 확률적으로
측정 가능한 손실, 경제적으로 부담 가능한 보험료 중 5개

✓ 채점 : 각 1점

[문제 2]

📩 : 주요 담보위험이 자연재해임, 손해평가의 어려움, 위험도에 대한 차별화 곤란, 경제력에
따른 보험료 지원 일부 차등, 물(物)보험 - 손해보험, 단기 소멸성 보험(농작물재해보험),
국가재보험 운영 중 5개

✓ 채점 : 각 1점

[문제 3]

📩 : 1. 방재시설 할인율 합계 -25%

2. 보험료 $= 20,000,000 \times 0.07 \times (1+0) \times (1-0.25) \times (1+0) = 1,050,000$원

✓ 채점 : 부분점수 없음

📩 : 감귤(만감류)

1. 방재시설 할인율

① 서리방지용 미세살수 장치 -20% : 서리피해를 방지하기 위해 설치된 살수량 500
~800ℓ/10a의 미세살수장치(점적관수 등 급수용 스프링클러는 포함되지 않음)

② 타이벡 멀칭 : 전부 설치 -5%, 일부 설치 -3%

③ 방조망 : 만감류 방재시설 할인율 미해당

2. 보통약관 보험료 = 보통약관 보험가입금액 × 지역별 보통약관 영업요율 × (1 + 손해율에
따른 할인 · 할증률) × (1 + 방재시설할인율) × (1 + 부보장 특별약관 할인율)

[문제 4]

답 : 1. 10월 31일,   2. 종실비대기,   3. 5월 31일,   4. 7월 31일,   5. 5월 10일

✓ 채점 : 각 1점

[문제 5]

답 : 1. ○,   2. ○,   3. ×,   4. ×,   5. ○

해 : 1. 사과 : 수령은 식재된 해를 1년으로 함. 2025년도 가입 시 4년생. 사과 밀식 재배 3년
　　　미만 인수 제한이지만 4년생이므로 인수 가능
　　2. 복숭아 : 균핵병은 오디 품목에 해당. 보험가입금액 1,000×0.5×5,000=250만원으
　　　로 농지당 최소 가입금액 이상이므로 인수 가능
　　3. 자두 : 250㎡÷300주=0.833...㎡/주. 1주당 재배면적이 1㎡ 미만인 과수원 인수 제한
　　4. 배 : 과수 4종. 시설 재배 과수원 인수 제한(일소피해 부보장 특약 가입하는 경우 시
　　　설 재배도 인수 가능이지만 가입 특별약관이 없으므로 인수 제한)
　　5. 두릅: 1주당 재배면적이 3.3㎡ 초과인 경우 인수 제한. 가입하는 해의 나무 수령이 2
　　　년 미만인 경우면 인수 제한이지만 가입연도 봄에 식재한 경우 1년생 인수 가능

✓ 채점 : 각 1점

[문제 6]

답 : 1. 환급보험료 = (115,020 ÷ 365) × 183 = 57,668원

　　2. 환급보험료

　　　① 2~5월의 4개월 단기요율 = 50 + (2, 3월 각 10% 가산) 20 = 70%

　　　② 4개월까지 단기요율로 계산한 계약자부담보험료 = 115,020 × 0.7 = 80,514원

　　　③ 환급보험료 = 115,020 - 80,514 = 34,506원

　　3. 책임있는 사유

　　　① 계약자 또는 피보험자가 임의 해지하는 경우

　　　② 사기에 의한 계약, 계약의 해지 또는 중대사유로 인한 해지에 따라 계약을 취소
　　　　또는 해지하는 경우

　　　　• 계약의 해지 : 계약자 또는 피보험자의 고의로 손해가 발생한 경우나, 고지의
　　　　　무·통지의무 등을 해태한 경우의 해지

　　　③ 보험료 미납으로 인한 계약의 효력 상실

해 : 시설작물, 시설재배 버섯 환급보험료

　　1. 책임 없는 사유에 의하는 경우 환급보험료

　　　① 무효 : 납입한 계약자부담보험료의 전액

　　　② 효력상실 또는 해지 : 경과하지 않는 기간에 대하여 일 단위로 계산한 계약자부
　　　　담보험료

　　2. 계약 당시 계약자부담보험료는 보험기간 1년 즉, 단기요율 100%로 계산한 보험료이므
　　　로, 이러한 경우의 책임있는 사유에 의한 환급보험료는 '계약 당시 계약자부담보험료 ×
　　　해지 시점까지의 경과한 기간에 대한 단기요율'로 계산한 보험료를 차감하면 된다.

　　3. 책임있는 사유를 서술하는 문제의 경우 '계약의 해지'에 대한 「농업재해보험·손해평
　　　가의 요령」의 각주까지 적는 것이 결코 불리하다고 할 수 없을 것이다.

[문제 7]

답 : 1. 평년수확량

(1) $A = (4{,}445 + 3{,}000 + 3{,}080 + 2{,}349 + 5{,}500) \div 5 = 3{,}675kg$

① 2020년도 $= \max\{5{,}000 \times 0.5,\ 5{,}000 \times (1-0.111)\} = 4{,}445kg$

· 피해율 $= \min\{0 + 0.3 \times 0.37,\ 1.0\} = 11.1\%$

② 2021년도 $= \max\{4{,}800 \times 0.5,\ 4{,}800 \times (1-0.375)\} = 3{,}000kg$

· 피해율 $= \min\{0.2 + (0.5 \times 0.35),\ 100\%\} = 37.5\%$

③ 2022년도 $= \max\{4{,}400 \times 0.5,\ 4{,}400 \times (1-0.3)\} = 3{,}080kg$

· 피해율 $= \min(0.3 + 0,\ 1.0) = 30\%$

④ 2023년도 $= \max\{4{,}050 \times 0.5,\ 4{,}050 \times (1-0.42)\} = 2{,}349kg$

· 피해율 $= \min(0.42,\ 1.0) = 42\%$

⑤ 2024년도 $= \max(3{,}700,\ 5{,}000) \times 1.1 = 5{,}500kg$

(2) $B = 5{,}000kg$

(3) $C = 5{,}000kg$

(4) $Y = 5$

(5) 평년수확량

① $\left[3{,}675 + (5{,}000 - 3{,}675) \times (1 - \dfrac{5}{5})\right] \times \dfrac{5{,}000}{5{,}000} = 3{,}675kg$

② $\min(3{,}675,\ 5{,}000 \times 1.3) = 3{,}675kg$

2. 과실손해보험금

① 보험가입금액 $= 3{,}675 \times 8{,}000 = 29{,}400{,}000$원

② 피해율

$$= \frac{(40 \times 0.3 + 60 \times 1.0) + (40 \times 0.3 + 30 \times 1.0) \times 0.5}{200} \times (1 - 0.1) = 41.85\%$$

③ 손해액 $= 29{,}400{,}000 \times 0.4185 = 12{,}303{,}900$원

④ 자기부담금 $= 29{,}400{,}000 \times 0.2 = 5{,}880{,}000$원

⑤ 보험금 $= 12{,}303{,}900 - 5{,}880{,}000 = 6{,}423{,}900$원

해 : 온주밀감류 과거수확량(A)

1. 유사고인 경우 : $\max$[평년수확량 × (1 - [1]피해율), 평년수확량 × 50%] 또는,

med[평년수확량, 평년수확량 × (1 - [1]피해율), 평년수확량 × 50%]

· [1]피해율 $= \min$[보통약관 피해율 + (동상해 피해율 × 수확기 잔존비율), 100%]

2. 무사고인 경우 : $\max$[평년수확량, 표준수확량] × 110%

[문제 8]

답 : 1. 기준가격, 수확기가격

① 기준가격 = {(10,000 + 8,850 + 11,300 + 10,300 + 11,000) ÷ 3} × 0.82 = 8,555원

② 수확기가격 = {(9,000 + 10,400) ÷ 2} × 0.82 = 7,954원

2. 보험금

① 보험가입금액 = 1,000 × 8,555 = 8,550,000원

② 기준수입 = 1,000 × 8,555 = 8,555,000원

③ 실제수입 = (600 + 40) × 7,954 = 5,090,560원

④ 피해율 = $\dfrac{8,555,000 - 5,090,560}{8,555,000}$ = 40.50%

⑤ 보험금 = 8,550,000 × (0.4050 - 0.2) = 1,752,750원

3. (   ) 채우기

① 조생종, 중만생종

② 극조생종, 조생종, 중만생종

③ 23,000주/10a 미만, 40,000주/10a 초과

④ 9월 30일

⑤ 70°

✓ 채점 : 물음3) 각 1점

해 : 1. 양파 가격조항

① 기준가격 : 과거 5년 연도별 중품과 상품 평균가격의 올림픽 평균값에 과거 5년 농가수취비율의 올림픽 평균값을 곱하여 산출

② 수확기가격 : 수확연도의 중품과 상품 평균가격에 과거 5년 농가수취비율의 올림픽 평균값을 곱하여 산출

2. 보험가입금액과 기준수입의 절사 조건에 주의한다.

• 시설작물 및 버섯, 농업용 시설물 및 부대시설, 축사를 제외하고 모두 보험가입금액은 천원 단위 절사 조건이 기재되어 있다.

• 문제에 제시된 조건을 우선해서 적용해야 한다.

[문제 9]

답 : 1. 계약자 A

　① 순 보험료 대비 지원보험료＝1,000,000×0.9×0.33＝297,000원

　② 부가보험료＝1,000,000×0.1＝100,000원

　③ 총 지원보험료＝397,000원 또는, (1,000,000×0.9×0.33)＋100,000＝397,000원

2. 계약자 B

　① 순 보험료 대비 지원보험료＝450,000×0.38＝171,000원

　② 부가보험료 50,000원

　③ 총 지원보험료＝221,000원 또는, (450,000×0.38)＋50,000＝221,000원

3. 계약자 C

　① 총 지원보험료

　　＝(40,000,000×0.05×0.5)＋(60,000,000×0.7×0.05×0.5)＝2,050,000원

√ 채점 : 각 5점

해 : 정부 지원

1. 자기부담비율에 따른 순보험료의 정부지원율

　① 과수 4종 : 10% 형＝33% 지원, 15% 형＝38% 지원, 20% 형＝50% 지원, 30%·40% 형＝60% 지원

　② 벼 : 10% 형＝35% 지원, 15% 형＝38% 지원, 20% 형＝50% 지원, 30% 형＝55% 지원, 40% 형＝60% 지원

3. 말 보험료 : 마리당 가입금액 4천만원 한도 내에서 보험료의 50%를 지원, 4천만원을 초과하는 경우에는 초과 금액의 70%까지 가입금액을 산정하여 보험료의 50%를 지원

[문제 10]

답 : 1. 비가림시설

    (1) 인수 제한

    (2) 이유

      ① 동고의 범위 3±5% (2.85~3.15m)를 벗어남

      ② 최소·최대 폭=2.4±15%. 최소 폭=2.4×(1−0.15)=2.04m.

        단지 단위 면적=30×2.04×3=183.6㎡로 최소 가입 면적인 200㎡ 미만

    (3) 보험가입금액 : 산정 불가

  2. 농업용 시설물

    (1) 인수 가능

    (2) 이유

      ① 고정식 단동하우스, 가입면적은 최소 가입면적 300㎡ 이상

      ② 한 동 면적의 80% 이상인 250㎡를 작물 재배용으로 사용하고 있음

    (3) 보험가입금액

      ① 감가상각률=5×0.08=40% (아래 해설 참조)

      ② 300×50,000×(1−0.4)=9,000,000원

해 : 1. 비가림시설

    ① 포도 비가림시설 인수 제한 : 폭 2.4m±15%(2.04~2.76m),

      동고 3m±5%(2.85~3.15m)

    ② 보험가입금액=면적×㎡당 시설비=재조달가액 80~130% 범위 내 결정(10% 단위)

  2. 농업용 시설물 보험가입금액

    ① 재조달가액 특약 미가입 시 고지된 '구조체 내용에 따라' 감가율을 고려하여 시가

      기준으로 결정(보험사고 시 지급 기준과 동일 → 시가)

    ② 고정식 하우스 - 구조체 단동하우스 경년감가율 8%

[문제 11]

답 : ① 3주, ② 60개, ③ (90×2×1.511)÷12=22.665kg,

④ 2주, ⑤ 9×3=27개

✓ 채점 : 각 1점

해 : 1. 사과 착과피해조사 : 표본과실수는 품종별 1주 이상, 과수원당 3주 이상

2. 자두 낙과피해조사 : 표본과실수는 품종별 20개 이상, 농지당 60개 이상

3. 매실 착과량 : 품종·수령별 주당 착과 무게=품종·수령별 (표본주의 착과 무게÷표본주수)

  • 표본주 착과 무게=조사 착과량×품종별 비대추정지수(매실)×2(절반조사 시)

4. 온주밀감류 최소 표본주수 : 수확 전 사고조사=3주, 수확기·동상해 사고조사=2주

5. 오디 : 표본주에서 가장 긴 결과모지 3개를 표본가지로 선정

[문제 12]

답 : 1. 보험약관, 2. 담보, 3. 상당인과관계, 4. 면책조항, 5. 알릴 의무

✓ 채점 : 각 1점

[문제 13]

답 : 1. 평균 손해정도비율$=\dfrac{0.6+0.4+0.6+0.8+0.4+0.6+0.6+0.8}{8}=60\%$

2. 피해율$=\dfrac{1,000\times0.7+1,000\times0.6}{7,000}\times(1-0.1)=16.71\%$

3. 보험금=7,000,000×(0.1671-0.1)=469,700원

해 : 메밀

1. 피해율=면적피해율×(1-미보상비율)

2. 면적피해율$=\dfrac{도복\ 피해면적\times0.7+도복\ 외\ 피해면적\times평균\ 손해정도비율}{재배면적}$

3. 평균 손해정도비율=표본구간의 손해정도비율을 조사한 뒤 평균한 값

  • 예 표본구간 1-손해정도비율 60%

[문제 14]

답 : 1. 묘가 본답의 바닥에 있는 흙과 분리되어 물 위에 뜬 면적

    2. 묘가 토양에 의해 묻히거나 잎이 흙에 덮여져 햇빛이 차단된 면적

    3. 묘는 살아 있으나 수확이 불가능할 것으로 판단된 면적

✓ 채점 : 1개=1.5점,　2개=3점,　3개=5점 (모두 정확하게 쓴 것을 기준으로 함)

[문제 15]

답 : 1. 표본구간 면적 합계=$(2×0.9)×4=7.2㎡$

    2. 누적 비대추정지수=$1+(0.022×14)=1.308$

    3. 표본구간 ㎡당 수확량=$\dfrac{(2+3×0.2)×1.308}{4×(2×0.9)}=0.47kg$

    4. 수확량=$(1,500×0.47)+(200×1)=905kg$

해 : 1. 수확감소보장 양파·마늘, 생산비보장 노지 당근 표본구간 면적조사

    • 이랑 폭 2m 미만 → 이랑 길이 (5주 이상)

    • 이랑 폭 2m 이상 → 이랑 길이(3주 이상)

    2. 비대추정지수 : 양파 2.2%/일, 마늘 0.8%/일

[문제 16]

답 : 1. 카네이션

    (1) 경과비율=$0.2+(1-0.2)×\dfrac{90}{150}=68\%$

    (2) 피해율

      ① 피해비율=$100÷600=16.67\%$

      ② 피해율=$0.1667×0.5=8.34\%$

    (3) 보험금=$600×15,300×0.68×0.0834=520,616$원

    (4) 지급보험금

      ① 보험가액=$600×15,300=9,180,000$원

      ② 지급보험금=$520,616×\dfrac{4,590,000}{600×15,300}=260,308$원

2. 연동하우스

  (1) 손해액

    ① 구조체 감가상각률 : 경과월수＝2025.08 - 2019.03＝6년 5개월(77개월), 경년 감가율 5.3%

      • 감가상각률＝$0.053 \times \dfrac{77}{12}$＝34.00%

    ② 구조체 손해액＝100×40,000×(1 - 0.34)＝2,640,000원

    ③ 피복재 손해액＝100×10,000×(1 - 0.4)＝600,000원

      • 40% 고정감가

    ④ 손해액 합계＝2,640,000＋600,000＝3,240,000원

  (2) 목적물 보험금

    ① 자기부담금＝324,000원

      • 300,000 ≤ 3,240,000×10% ≤ 1,000,000

    ② 목적물 보험금＝min(3,240,000 - 324,000, 16,500,000)＝2,916,000원

  (3) 잔존물 제거비용

    ① min(350,000, 3,240,000×10%)＝324,000원

    ② 324,000 - 32,400＝291,600원

      • 자기부담금＝324,000×10%＝32,400원

    ③ min(2,916,000＋291,600, 16,500,000)＝3,207,600원

  (4) 지급보험금＝3,207,600원

    또는, min[{3,240,000＋min(350,000, 3,240,000×10%)} - 356,400, 16,500,000]＝3,207,600원

✓ 채점 : 카네이션 보험금 5점, 연동하우스 보험금 10점

해 : 시설작물

  1. 딸기 등 수확기 이전 사고 : 준비기 생산비 계수 40% (국화·카네이션 재절화재배 20%)

  2. 소손해 면책금 10만원 초과 여부 확인

  3. 보험가입금액 < 피해작물 재배면적×㎡당 보장생산비(＝보험가액)인 경우 :

$$\text{지급보험금}＝\text{계산된 보험금} \times \frac{\text{보험가입금액}}{\text{피해작물 재배면적} \times \text{단위면적당 보장생산비}}$$

[문제 17]

답 : 1. 벼(조곡, 찰벼)

① 전수조사 수확량 $= (2,800 \times \dfrac{1-0.15}{1-0.13}) + (200 \times 0.5) = 2,836kg$

② 피해율 $= \dfrac{5,000 - 2,836 - 108}{5,000} = 41.12\%$

③ 수확감소보험금 $= 6,000,000 \times (0.4112 - 0.15) = 1,567,200$원

2. 귀리

① 표본구간 ㎡당 유효중량 $= \dfrac{1 \times (1-0.07) \times (1-0.18) \div (1-0.13)}{(0.5 \times 0.5) \times 7} = 0.5kg$

② 수확량 $= 7,000 \times 0.5 = 3,500kg$

③ 미보상감수량 $= (6,000 - 3,500) \times 0.1 = 250kg$

④ 피해율 $= \dfrac{6,000 - 3,500 - 250}{6,000} = 37.5\%$

⑤ 수확감소보험금 $= 5,000,000 \times (0.375 - 0.2) = 875,000$원

3. 벼(조곡. 분질미)

① 식물체 피해율 61%

② 경작불능보험금 $= 5,000,000 \times 0.4 = 2,000,000$원

√ 채점 : 각 5점

해 : 1. 동일 농지 내 복수의 조사방법 실시한 경우 피해율 우선 순위 : 전수 → 표본 → 수량 요소조사

2. 기준함수율 : 메벼 15% - 분질미, 콩·팥 14% - 찰벼·밀·보리·귀리 13%

3. 밀, 보리, 귀리 : 산파재배 또는 이랑 구분이 불명확한 경우의 표본구간. 50cm× 50cm의 테 이용

4. 경작불능보험금 대상 식물체 피해율 : 벼(일반벼)·밀·보리·귀리·조사료용 벼 65% 이상, 분질미 60% 이상

[문제 18]

답 : 1. 감자의 비대가 종료된 시점. 파종일로부터 110일 이후

2. 역병, 모자이크병, 둘레썩음병, 가루더뎅이병, 잎말림병 중 2개

3. 보험금

    (1) ① 조사대상면적 = 2,000 − 400 − 100 = 1,500㎡,   ② ㎡당 평년수확량 = 1.25kg

    (2) 수확량

       ① 표본구간 수확량 = 1 + 1 × 0.5 + 2 = 3.5kg

       ② 표본구간 ㎡당 수확량 = 3.5 ÷ 6 = 0.58kg

       ③ 수확량 = (0.58 × 1,500) + (1.25 × 100) = 995kg

    (4) 병충해 감수량

       ① 표본구간 ㎡당 병충해 감자 중량 = (2 × 0.9 × 0.5) ÷ 6 = 0.15kg

       ② 병충해 감수량 = 0.15 × 1,500 = 225kg

    (5) 미보상감수량 = (2,500 − 995) × 0.1 = 151kg

    (6) 피해율 = $\dfrac{2,500 - 995 - 151 + 225}{2,500}$ = 63.16%

    (7) 보험금 = 7,500,000 × (0.6316 − 0.15) = 3,612,000원

✓ 채점 : 물음 1) 둘 중 하나만 쓴 경우 1.5점, 물음 2) 1개당 1점 (감자뿔나방 = 충해)

해 : 감자 병충해감수량

1. 「농업재해보험·손해평가의 요령」 본문

    표본구간 병충해 감수량 합계 = 병충해 입은 괴경의 무게 × 손해정도비율 × 인정비율

    → ÷표본구간 면적 합계 → ×조사대상면적 합계 → 조사대상면적의 병충해 감수량

2. '병충해 괴경 무게 ÷ 표본구간 면적 합계 → ㎡당 병충해 괴경무게 × 조사대상면적 → 조사대상면적의 병충해 괴경 무게 × 등급별 인정비율 × 손해정도비율' 등 여러 방법이 있지만, 「농업재해보험·손해평가의 요령」에 기재되어 있는 위 1.의 방법대로 한다.

[문제 19]

답 : 1. 보험가액

    ① 체중 : 600kg

    ② kg당 금액 : $17,241 \times 0.58 = 10,000$원

    ③ 보험가액 $= 600 \times 10,000 = 6,000,000$원

  2. 보험금

    ① 이용물 처분액 $= 200 \times 15,000 \times 75\% = 2,250,000$원

    ② 손해액 $= 6,000,000 - 2,250,000 = 3,750,000$원

    ③ 보험금 $= \min\{3,750,000 \times (500 \div 600),\ 5,000,000\} \times (1 - 0.2) = 2,500,000$원

  3. 계약 후 알릴 의무. 통지를 받은 때

    ① 위험이 감소된 경우 : 차액보험료 환급

    ② 위험이 증가된 경우 : 통지를 받은 날부터 1개월 이내에 보험료의 증액을 청구하
거나 계약을 해지할 수 있음

해 : 1. 육우 : 25월령 초과 $= 600$kg으로 인정, 전국 산지평균가격이 없는 경우 전전월 전국
도매시장 지육평균가격 $\times$ 지육율 58%

  2. 가축재해보험 공통 계약 후 알릴 의무

    ① 동일한 위험을 보장하는 다른 계약, 개체 수 증감

    ② 양도, 다른 곳으로 옮김, 도난·행방불명

    ③ 의외의 재난이나 위험에 의해 구할 수 없는 상태, 보험목적 또는 보험목적 수용
장소로부터 반경 10km 이내 지역에서 가축전염병 발생 또는 집단폐사, 위험이
뚜렷이 변경

    ④ 건물을 계속하여 30일 이상 비워두거나 휴업, 건물의 구조를 변경·개축·증축하
거나 계속하여 15일 이상 수선, 건물의 용도를 변경해 위험이 변경

[문제 20]

답 : 1. 착과감소보험금

　(1) 착과감소량

　　　① 적과후착과량＝10,000×0.2＝2,000kg

　　　② 평년착과량－적과후착과량＝3,000－2,000＝1,000kg

　　　③ 낙엽인정피해율＝(1.0115×0.5555)－(0.0014×30)＝51.98%

　　　　・낙엽률＝400÷720＝55.55%

　　　④ 나무피해율＝6÷100＝6%

　　　　・과실침수율＝40÷120＝33.33%

　　　　・침수주수＝20×0.3333＝6주

　　　⑤ 최대인정감소량＝3,000×0.5198＝1,559kg

　　　⑥ 착과감소량＝min(1,000, 1,559)＝1,000kg

　(2) 미보상감수량＝(1,000×0.1)＋(0×30)＝100kg

　(3) 기준수확량＝2,000＋1,000＝3,000kg

　(4) 자기부담감수량＝3,000×0.15＝450kg

　(5) 착과감소보험금＝(1,000－100－450)×3,000×0.5＝675,000원

2. 과실손해보험금

　(1) 8/20 태풍

　　　① 나무감수과실수＝(0＋4)×150×(1－0)＝600개

　　　　・고사주수＝0(나무 조사 누적값), maxA＝0

　　　　・주당 평년착과수＝(3,000÷0.2)÷100＝150개

　　　② 낙과감수과실수＝1,000×(0.35－0)＝350개

　　　③ 낙엽감수과실수＝8,400×(0.3923－0)＝3,295개

　　　　・낙엽인정피해율＝(1.0115×0.5)－(0.0014×81)＝39.23%

　　　　・사고당시착과수＝10,000－600－1,000＝8,400개

　(2) 10/25 가을동상해

　　　① 착과피해구성율＝$\dfrac{(50 \times 0.5 + 35 \times 1.0 + 40 \times 0.0031 \times 21)}{125}$＝50.08%

　　　② 착과감수과실수＝3,000×(0.5008－0.3923)＝325개

　(3) 누적감수량＝(600＋350＋3,295＋325)×0.2＝914kg

　(4) 자기부담감수량＝450－(1,000－100)＝0kg

　(5) 과실손해보험금＝(914－0)×3,000＝2,742,000원

√ 채점 : 착과감소보험금 7점, 과실손해보험금 8점

[문제 1]

답 : 요식증권성, 증거증권성, 면책증권성, 상환증권성, 유가증권성

✓ 채점 : 각 1점

[문제 2]

답 : ① 법정전염병, ② 급성고창증, ③ 소방손해, ④ 방재 또는 긴급피난,
      ⑤ TGE, PED, Rota virus

✓ 채점 : 각 1점

[문제 3]

답 : ① 농작물재해보험 : 고추, 브로콜리, ② 가축재해보험 : 돼지, 가금, 기타 가축

✓ 채점 : 각 1점

[문제 4]

답 : 1. 잔여수확량비율= $\max\left(1 - \dfrac{25-10}{30}, 0\right) = 50\%$

2. 과실손해피해율= $\dfrac{100 \times 0.5}{200} = 25\%$

3. 피해율 $= 0.25 \times (1-0) = 25\%$

4. A $= \max\{1{,}000 \times 0.5, 1{,}000 \times (1-0.25)\} = 750\text{kg}$

   • 피해율 $= \min(25\%, 100\%)$

5. B $= 1{,}000\text{kg}$

6. C $= 1{,}000\text{kg}$

7. Y $= 1$

8. 평년수확량 $= \left[750 + (1{,}000 - 750) \times (1 - \dfrac{1}{5})\right] \times \dfrac{1{,}000}{1{,}000} = 950kg$

해 : 블루베리 과거수확량

  1. 유사고 : max{평년수확량×50%, 평년수확량×(1-피해율)}

    • 피해율=min(보통약관 피해율, 100%)

  2. 무사고 : max(표준수확량, 평년수확량)×110%

[문제 5]

답 : ① 가능, ② 가능, ③ 제한, ④ 가능, ⑤ 가능

✓ 채점 : 각 1점

해 : '인수 제한' 목적물

  ① 귀리 : 출현율 80% 미만인 농지 미만인 농지. 410÷500=82% ← 80% 이상이므로 인수 가능. 면적 무관

  ② 도서지역의 경우 연륙교가 설치되어 있지 않고 정기선이 운항하지 않는 등 신속한 손해평가가 불가능한 지역에 소재한 농지. 가을감자·고랭지감자·콩 : 연륙교가 설치되어 있거나, 농작물 재해보험 위탁계약을 체결한 지역 농·축협 또는 품목농협(지소포함)이 소재하고 있고 손해평가인 구성이 가능한 지역은 보험 가입 가능

  ③ 양파 : 부적절한 품종을 재배하는 농지. (**예** 고랭지 봄파종 재배 적응 품종 → 게투린, 고떼이황, 고랭지 여름, 덴신, 마운틴1호, 스프링골드, 사포로기, 울프, 장생대고, 장일황, 하루히구마 등)

  ④ 옥수수 : 1주 재배 : 1,000㎡당 정식주수가 3,500주 미만 5,000주 초과인 농지(단, 전남·전북·광주·제주는 1,000㎡당 정식주수가 3,000주 미만 5,000주 초과인 농지). (64÷20)×1,000=3,200주/10a ← 3,000주 미만이 아니므로 인수 가능

  ⑤ 수박 : (500×5)×0.5×9,000=11,250,000원으로 농지당 최저 가입금액 200만원 초과. 5월 31일을 초과하여 정식한 농지는 인수 제한이지만 초과하지 않으므로 인수 가능

[문제 6]

답 : 1. 평년수확량

① $A = (3,300 + 2,200 + 1,450) \div 3 = 2,317 \text{kg}$

② $B = (3,000 + 3,000 + 3,000) \div 3 = 3,000 \text{kg}$

③ $C = 3,000 \text{kg}$

④ $Y = 3$

⑤ 기준평년수확량 $= [2,317 + (3,000 - 2,317) \times (1 - \frac{3}{5})] \times \dfrac{3,000}{3,000} = 2,590 kg$

⑥ 수확면적률 $= 9,600 \div 12,000 = 80\%$

⑦ 평년수확량 $= 2,590 \times 0.8 = 2,072 \text{kg}$

⑧ $\min(2,072,\ 3,000 \times 1.3) = 2,072 \text{kg}$

2. 보험금

① 보험가입금액 $= 2,072 \times 10,000 = 20,720,000$원

② 조사수확량 $= 1,800 \times 0.8 = 1,440 \text{kg}$

③ 미보상감수량 $= (2,072 - 1,440) \times 0.1 = 63 \text{kg}$

④ 피해율 $= \dfrac{2,072 - 1,440 - 63}{2,072} = 27.46\%$

⑤ 보험금 $= 20,720,000 \times (0.2746 - 0.15) = 2,581,712$원

해 : 차의 평년수확량

1. 평년수확량 = 기준평년수확량 × 수확면적률 ⇔ 기준평년수확량 = 평년수확량 ÷ 수확면적률

2. 조사수확량 = 환산조사수확량 × 수확면적률 ⇔ 환산조사수확량 = 조사수확량 ÷ 수확면적률

3. 평년수확량의 A

① 유사고 = max(기준평년수확량 × 50%, 환산조사수확량)

② 무사고 = max(기준평년수확량, 표준수확량) × 110%

4. 평년수확량 산출 시 필요 항목 : 표준수확량, 기준평년수확량, 환산조사수확량 (표기환)

5. 피해율 산출 시 필요 항목 : 평년수확량, (조사)수확량, 미보상감수량

[문제 7]

답 : 1. 조사료용 벼

  (1) 개수 : 2개

  (2) 구성 : A 농지 1,100㎡, B 농지 800㎡＋C 농지 700㎡＋ D 농지 600㎡＝2,100㎡

  (3) 경작불능보험금

    ① A 농지 1,100㎡ : $1,100 \times 1,000 \times 0.85 \times 0.4 = 374,000$원

    ② B 농지 800㎡＋C 농지 700㎡＋ D 농지 600㎡＝2,100㎡ : $2,100 \times 1,000 \times 0.85 \times 0.4 = 714,000$원

  2. 사료용 옥수수

  (1) 개수 : 2개

  (2) 구성 : A 농지 1,200㎡, B 농지 400㎡＋C 농지 600㎡＝1,000㎡

  (3) 경작불능보험금

    ① A 농지 1,200㎡ : $1,200 \times 1,000 \times 0.8 \times 0.4 = 384,000$원

    ② B 농지 400㎡＋C 농지 600㎡＝1,000㎡ : $1,000 \times 1,000 \times 0.8 \times 0.4 = 320,000$원

✓ 채점 : 물음 1, 2) 별도 부분점수 없음

해 : 1. 조사료용 벼

  (1) 가입기준

    ① 농지 단위로 가입, 개별 농지당 최저 가입 면적은 1,000㎡이다.

    ② '각각 가입면적 1,000㎡ 미만의 농지라'도 인접 농지의 면적과 합하여 1,000㎡ 이상이 되면 '통합하여 하나의 농지'로 가입할 수 있다. A=1개, B+C+D=1개

    ③ '통합하는 농지의 개수 제한은 없으나' 가입 후 농지를 분리할 수 없다.

  (2) 경과비율: 5월 80% -6월 85% - 7월 90% - 8월 100%

  2. 사료용 옥수수

  (1) 가입기준

    ① 농지 단위로 가입, 개별 농지당 최저 가입 면적은 1,000㎡이다.

    ② '각각 가입면적 1,000㎡ 미만의 농지라'도 인접 농지의 면적과 합하여 1,000㎡ 이상이 되면 '통합하여 하나의 농지'로 가입할 수 있다. A=1개, B+C=1개 (B+D, C+D는 통합하여 1,000㎡ 이상이 되지 않음)

    ③ '통합하는 농지는 2개까지만 가능하며' 가입 후 농지를 분리할 수 없다.

  (2) 경과비율 : 5월 80% -6월 80% - 7월 90% - 8월 100%

[문제 8]

답 : 1. 축종 및 성별을 구분하지 않고 가입

    (1) 보험가입금액 = 590 × 0.7 × 5,000,000 = 2,065,000,000원

    (2) 정부지원보험료

       ① 2,065,000,000 × 0.05 × 0.5 = 51,625,000원

       ② min(51,625,000, 50,000,000) = 50,000,000원

 2. 보험금

    (1) 보험가입금액 5,000,000원, 보험가액 5,500,000원

    (2) 손해액 5,500,000원

    (3) 목적물 보험금 = $\min\left(5,500,000 \times \dfrac{500}{550},\ 5,000,000\right) \times (1-0.2) = 4,000,000$원

    (4) 비용손해

      ① 잔존물 처리비용

        • min(600,000, 5,500,000 × 0.1) = 550,000원

        • $550,000 \times \dfrac{500}{550} \times (1-0.2) = 400,000$원

        • min(4,000,000 + 400,000, 5,000,000) = 4,400,000원

      ② 손해방지비용 = $200,000 \times \dfrac{500}{550} = 181,818$원

    (5) 지급보험금 = 4,400,000 + 181,818 = 4,581,818원. 또는,

    $\left[5,500,000 + \min\left(600,000,\ 5,500,000 \times 0.1\right) \times \dfrac{500}{550}\right.$

    $\left.\times (1-0.2),\ 5,000,000\right] + \left(200,000 \times \dfrac{500}{550}\right) = 4,581,818$원

해 : 1. 소 포괄가입제

    ① 축종 및 성별을 구분하여 가입 : 소 이력제 현황의 80% 이상 시 포괄가입으로 인정

    ② 축종 및 성별을 구분하지 않고 가입 : 소 이력제 현황의 70% 이상 시 포괄가입으로 인정

 2. 가축 보험금 : 가손비가자

    ① 손해액 = 보험가액 + 잔존물 처리비용, 보험가액 - 이용물 처분액

    ② 목적물 보험금 = min(손x비, 가입)x(1 - 자)

    ③ 잔존물 처리비용(폐사) : 손해액의 10% 한도

    ④ 손대잔 : 자기부담금 미차감

3. 가축 비용손해

① 잔존물 처리비용 : 사고 현장에서의 잔존물의 견인비용, 차에 싣는 비용, 적법 시설에서의 렌더링 비용

② 손해방지비용 : 보험사고 발생 시 손해의 방지 또는 경감을 위하여 지출한 필요 또는 유익한 비용을 손해방지비용으로 보상. 다만, 약관에서 규정하고 있는 보험목적의 관리의무를 위하여 지출한 비용은 제외

③ 보험목적 관리의무

- 계약자 또는 피보험자는 보험목적을 사육, 관리, 보호함에 있어서 그 보험목적이 본래의 습성을 유지하면서 정상적으로 살 수 있도록 할 것
- 계약자 또는 피보험자는 보험목적에 대하여 적합한 사료의 급여와 급수, 운동, 휴식, 수면 등이 보장되도록 적정한 사육관리를 할 것
- 계약자 또는 피보험자는 보험목적에 대하여 예방접종, 정기검진, 기생충 구제 등을 실시할 것
- 계약자 또는 피보험자는 보험목적이 질병에 걸리거나 부상을 당한 경우 신속하게 치료하고 필요한 조치를 취할 것

[문제 9]

답 : 1. 보험금

(1) 보험가입금액 = 2,000 × 5,000 = 10,000,000원

(2) 잔존 보험가입금액 = 10,000,000 - 1,500,000 = 8,500,000원

(3) 보험금

① 경과비율 = 0.495 + (1 - 0.495) × (60 ÷ 100) = 79.8%

② 피해율 = 0.4 × 0.5 × (1 - 0) = 20%

- 면적피해율 = 800 ÷ 2,000 = 40%

③ 보험금 = (8,500,000 × 0.798 × 0.2) - (8,500,000 × 0.03) = 1,101,600원

2. 환급보험료

① 최종 보험가입금액 = 10,000,000 - 1,500,000 - 1,101,600 = 7,398,400 = 7,390,000원

② 계약자부담보험료 = 7,390,000 × 0.1 × 0.9 × (1 - 0.13) × (1 - 0.05) × (1 - 0.5 - 0.4) = 54,970원

③ 환급보험료 = 54,970 × 0.2 = 10,994원

3. 보험료 환급

　① 임의해지

　② 취소 또는 해지

　③ 고지의무·통지의무

√ 채점 : 물음 3) 각 1점

해 : 1.「농업재해보험·손해평가의 요령」 보험료 환급 중

　적과전 종합위험보장, 종합 과수, 과실, 밭작물(생산비노지·인삼) : 보험기간 중 작물에 보험사고가 발생하고 보험금이 지급되어 보험가입금액이 감액된 경우에는 감액된 보험가입금액을 기준으로 환급금을 계산하여 돌려준다.

2. 환급보험료 계산

　① 임의해지＝계약자, 피보험자의 책임 있는 사유에 의한 해지

　② 환급보험료＝계약자부담보험료×미경과비율

　　• 계약자부담보험료 : 최종 보험가입금액 기준으로 산출한 보험료 중 계약자가 부담한 금액

[문제 10]

답 : 1. 감액

　① 기준수확량＝3,200＋400＝3,600kg

　② 감액

　③ 이유 : 적과 종료 후 기준수확량이 가입수확량보다 적은 경우 가입수확량 조정을 통해 보험가입금액을 감액한다.

2. 차액보험료

　(1) 가입 당시 계약자부담보험료

　　① 최근 3년간 손해율＝$\dfrac{120}{35+35+30}$＝120%

　　② 자기부담비율 : 15% → 국고 지원율 38%

　　　• 최근 3년 연속 가입＋'3년간 손해율 120% 미만'이 아니므로 자기부담비율 10% 형 선택 불가

③ 평가기간 5년, 손해율= $\dfrac{800+120}{40+30+35+35+30}$ = 500% 이상

④ 손해율에 따른 할인·할증률 : 50%

⑤ 가입 당시 계약자부담보험료=28,000,000×0.09×(1+0.5)×(1-0.25)×(1-0.38-0.4)=623,700원

(2) 차액보험료

① 가입수확량 조정 : 4,000kg → 3,600kg

② 감액=28,000,000 × $\dfrac{3,600}{4,000}$ = 25,200,000원

③ 감액비율= $\dfrac{28,000,000-25,200,000}{28,000,000}$ = 10%

④ 차액보험료={(623,700×0.1)×0.84}-0=52,391원

   • 최근 3년간 '누적 적과전 손해율 120% 이상'이므로 착과감소보험금 보장수준 50% 형

√ 채점 : 물음 1) 부분점수 없음

해 : 1. 보험가입금액 감액: 기준수확량 < 가입수확량 → 가입수확량 조정 → 가입금액 감액

   2. 손해율에 의해 알 수 있는 것

   ① 자기부담비율 및 정부지원율 :

   자기부담비율 10/15/20/30/40%=33/38/50/60/60%

   ② 착과감소보험금 보장수준

   ③ 손해율에 따른 할인할증률

   3. 차액보험료=(감액분 계약자부담 보험료×감액미경과비율)-미납입 보험료

   ① 감액분 계약자부담 보험료=계약자부담보험료×감액 비율

   ② 감액미경과비율=84%. 단감+한정특약 미가입+착과감소보험금 보장수준 50%

   4. 단감 방재시설 할인율 : 방상팬 20%+방조망 5%=25%

[문제 11]

답 : ① 3, ② 4, ③ 10, ④ 5, ⑤ 1

√ 채점 : 각 1점.

[문제 12]

답 : 1. 착과피해 확인이 가능한 시점(시기)

2. 최초 수확 품종 수확기 직전

3. 결실완료 직후부터 최초 수확 전

4. 이앙한계일(7월 31일) 이후

5. 수정 완료 직후부터 최초 수확 전까지

✓ 채점 : 각 1점

해 : 조사 시기

1. 시기별 조사 종류 표와 조사방법에서의 조사시기의 표현이 다를 수 있다. '각 조사방법에서 정하는 조사 시기'이므로 위의 답을 정답으로 인정한다.

2. 시기별 조사 종류 표

- 포도, 복숭아, 자두 착과수조사 : 최초 품종 수확 직전
- 오디 과실손해조사 : 결실완료 후
- 복분자 종합위험 과실손해조사 : 수정완료 후

[문제 13]

답 : 1. $(100-37)-(0.9\times31)=35.1\%$

2. $100-\{(100-66)-(0.8\times15)\}=78\%$

3. $\dfrac{10^2-43\times10+460}{2}=65\%$

4. $(100-67)-(0.84\times1)=32.16\%$

5. $\max\left(1-\dfrac{15-3}{30},\,0\right)=60\%$

✓ 채점 : 각 1점

해 : 1. 감귤(온주밀감류) 수확기 잔존비율

① 12월 : (100-37)-(0.9×사고발생일자)

② 1월 : (100-66)-(0.8×사고발생일자)

③ 2월 : (100-92)-(0.3×사고발생일자)

2. 감귤(온주밀감류) 수확기 경과비율=1-수확기 잔존비율

2. 과실손해보험금

① 착과율 $= \dfrac{22,000}{24,000} = 91.67\%$

② 적과종료 전 자연재해로 인한 적과종료 후 착과손해감수과실수 :
$$22,000 \times 0.05 \times \dfrac{(1-0.9167)}{0.4} = 229개 . \quad 0.05 \times \dfrac{(1-0.9167)}{0.4} = 1.04\% \quad \text{maxA}$$

③ 우박 착과감수과실수 : $22,000 \times (0.35 - 0.0104) = 7,471개$

④ 누적감수량 : $(229 + 7,471) \times 0.35 = 2,695kg$

⑤ 자기부담감수량 : $1,260 - (700 - 280) = 840kg$

⑥ 과실손해보험금 $= (2,695 - 840) \times 7,000 = 12,985,000원$

3. 나무손해보장보험금

① 보험가입금액 $= 200 \times 100,000 = 20,000,000원$

② 피해율 $= 15 \div 200 = 7.5\%$

③ 보험금 $= 20,000,000 \times (0.075 - 0.05) = 500,000원$

해 : 1. 적과종료 전 한정특약 미가입(보통약관)의 조수해, 화재로 인한 일부 나무에 국한된 피해 : 자연재해가 발생하지 않고 조수해, 화재로 인한 일부 나무에 국한된 피해를 의미한다.

2. 착과손해감수과실수

① 적과 종료 전 종합위험 + 자연재해 발생한 경우 적과 종료 이후의 감수과실수로 산정

② 「농업재해보험·손해평가의 요령」에는 다음과 같이 한 줄 풀이로 계산하도록 되어있지만, 이는 문제에 제시된 조건에 따른다.

• 착과율 60% 미만 : 감수과실수 = 적과후착과수 × 5%

• 착과율 60% 이상 100% 미만 : 감수과실수
$$= 적과후착과수 \times 5\% \times \dfrac{(100\% - 착과율)}{40\%}$$

• 5% 또는 $5\% \times \dfrac{(100\% - 착과율)}{40\%}$ 는 다음 사고의 maxA로 쓰인다.

3. 적과종료 전 우박피해 발생 : 피해사실 확인조사에서 착과피해조사 필요 여부를 확인한 후 수확기에 착과감수과실수를 산정한다.

[문제 17]

답 : 1. 보통약관 보험금

    (1) 보험금

        ① 손해액 = 20 × 600,000 = 12,000,000원

        ② 보험금 = min(12,000,000, 60,000,000) × (1 - 0.1) = 10,800,000원

    (2) 잔존물 처리비용

        ① min(1,500,000, 12,000,000 × 10%) = 1,200,000원

        ② 1,200,000 × (1 - 0.1) = 1,080,000원

        ③ min(10,800,000 + 1,080,000, 66,200,000) = 11,880,000원

    (3) 지급보험금 = 11,880,000원 또는,

$$\min\left[(12,000,000 + \min(1,500,000,\ 12,000,000 \times 0.1)) \times (1 - 0.1),\ 66,200,000\right] = 11,880,000원$$

2. 축산휴지위험보장 보험금

    ① 110kg 비육돈 수취가격 = 6,000 × 110 × 0.768 = 506,880원

    ② 1두당 비육돈(100kg 기준) 평균가격

$$= 200,000 + (95 - 30) \times \frac{(506,880 - 200,000)}{80} = 449,340원$$

    ③ 이익률 $= \dfrac{449,340 - 320,000}{449,340} = 28.78\%$

    ④ 손해액(보험가액) = 20 × 10 × 449,340 × 0.2878 = 25,864,010원

    ⑤ 보험금 $= \min\left[25,864,010 \times \dfrac{14,000,000}{25,864,010},\ 14,000,000\right] - 0 = 14,000,000원$

3. 보험금 지급심사 시 유의사항

    ① 계약체결의 정당성 확인, 고의·역선택 여부 확인, 고지의무위반 등 여부 확인, 면책
       사유 확인, 기타 확인

    ② 고지의무위반 등 여부 확인

해 : 1. 가축재해보험 지급보험금 계산

    ① 전부보험 = min(손해액, 보험가입금액) - 자기부담금

    ② 초과보험 = min(손해액, 보험가액) - 자기부담금

    ③ 일부보험 = {손해액 × (보험가입금액 ÷ 보험가액), 보험가입금액} - 자기부담금

2. 전수조사 피해율

  ① 수확량$= (2,200 \times \dfrac{1-0.15}{1-0.14}) + (1.6 \times 200) = 2,494kg$

  ② 미보상감수량$=(4,000-2,494) \times 0.05 = 75kg$

  ③ 피해율$= \dfrac{4,000-2,494-75}{4,000} = 35.78\%$

3. 보험금$=4,800,000 \times (0.3578-0.15)=997,440$원

해 : 벼. 이삭상태 점수와 낟알 상태 점수표, 피해면적 보정계수는 암기하도록 한다.

1. 수량요소조사 자료

이삭 상태 점수표	
포기당 이삭수	점수
16 미만	1
16 이상	2

낟알 상태 점수표	
완전 낟알 수	점수
51개 미만	1
51개 이상 61개 미만	2
61개 이상 71개 미만	3
71개 이상 81개 미만	4
81개 이상	5

2. 피해면적 보정계수

  ① 매우 경미 : 피해면적비율 10% 미만, 보정계수 1.2

  ② 경미 : 피해면적비율 10% 이상~30% 미만, 보정계수 1.1

  ③ 보통 : 피해면적비율 30% 이상, 보정계수 1

3. 벼 피해율 산정의 우선 순위 : 전수조사 > 표본조사 > 수량요소조사

4. 논, 밭작물 계산문제의 경우 과수/시설 파트에 비해 상대적으로 난이도가 낮다. 따라서 소수점 처리 및 수확량 계산을 위한 자료는 암기로 함정을 조심하는 것이 중요하다.

5. 미보상감수량=(2,400-2,100)×0.05=15kg

6. 피해율=$\dfrac{2,400-2,100-15}{2,400}=11.88\%$

7. 보험금=28,800,000×(0.1188-0.1)=541,440원

√ 채점 : 부분점수 없음

해 : 포도, 복숭아, 자두, 만감류

1. 착과량=품종·수령별 착과량의 합

① 품종·수령별 착과량=(품종·수령별 착과수×품종별 과중)+(품종·수령별 주당 평년수확량×미보상주수)

② 품종별 과중이 없는 경우(과중 조사 전 기수확 품종) : 품종·수령별 평년수확량=품종·수령별 착과량

• 품종·수령별 평년 수확량=평년수확량 $\times \dfrac{품종수령별 표준수확량}{표준수확량}$

2. 수확량 산정(착과수조사 이전 사고의 접수가 없거나, 피해사실이 인정되지 않은 경우) : 수확량 = max[평년수확량,착과량] - 사고당 감수량의 합

[문제 16]

답 : 1. 수량요소조사

(1) 피해율

① 이삭상태 점수=1+2+1+2=6점

② 완전낟알상태 점수=2+3+1+4=10점

③ 합산=16점. 조사수확비율=61%

④ 피해면적비율=500÷2,500=20%

⑤ 피해면적보정계수=1.1

⑥ 수확량=3,800×0.61×1.1=2,550kg

⑦ 미보상감수량=(4,000-2,550)×0.05=73kg

⑧ 피해율=$\dfrac{4,000-2,550-73}{4,000}=34.43\%$

3. 복분자 잔여수확량 비율

  ① 사고일자 6/1~7 : 98 - 사고일자

  ② 사고일자 6/8~20 : $\dfrac{\text{사고일자}^2 - 43 \times \text{사고일자} + 460}{2}$

4. 무화과 잔여수확량 비율

  ① 8월 : 100-(1.06×사고발생일자)

  ② 9월 : (100-33)-(1.13×사고발생일자)

  ③ 10월 : (100-67)-(0.84×사고발생일자)

5. 블루베리 잔여수확량 비율

  ① 수확개시 이전=1

  ② 수확개시 이후=$\max\left(1 - \dfrac{\text{사고일자} - \text{수확개시일자}}{\text{표준수확일수}\,30}, 0\right)$

[문제 14]

圄 : 1. 사료용 옥수수=10,000,000원×0.8×0.45=3,600,000원

  2. 보리=10,000,000원×0.4=4,000,000원

  3. 귀리=10,000,000원×0.4=4,000,000원

  4. 봄배추=10,000,000원×0.4=4,000,000원

  5. 양배추=10,000,000원×0.45=4,500,000원

✓ 채점 : 각 1점

[문제 15]

圄 : 1. 품종·수령별 표준수확량

    ① 한라봉=18×100=1,800kg

    ② 황금향=15×100=1,500kg

  2. 품종·수령별 평년수확량

    ① 한라봉=$\left(2,400 \times \dfrac{1,800}{3,300}\right) \div 100 = 13kg/$주

    ② 황금향=$2,400 \times \dfrac{1,500}{3,300} = 1,091kg$

  3. 착과량={(95×45×0.28)+(5×13)}+1,091=2,353kg

  4. 수확량=max(2,400, 2,353}-300=2,100kg

2. 축산휴지위험보장 특별약관

　① 손해액은 보험가액으로 하며, 종빈돈에 대해서만 아래에 따라 계산한 금액을 보험가액으로 한다.

　② 손해액＝종빈돈×10×1두당 비육돈(100kg 기준) 평균가격×이익률

　　· 단, 후보돈과 임신·분만 및 포유 등 종빈돈으로서 기능하지 않는 종빈돈은 제외

　　· 100kg 비육돈 평균가격 : 보통약관 비육돈·육성돈·후보돈에서 정한 비육돈 생체중량 100kg의 가격(비육돈 보험가액 산정방법)

　④ 이익률＝$\dfrac{1두당 비육돈(100kg 기준)의 평균가격 - 경영비}{1두당 비육돈(100kg 기준)의 평균가격}$

　　· 단, 이 기간 중에 이익률이 16.5% 미만일 경우 이익률은 16.5%로 한다.

　⑤ 자기부담금은 적용하지 않는다.

3. 고지의무위반 등 여부 확인 : 약관에서 규정하고 있는 '계약 전, 후 알릴 의무 및 각종 의무' 위반 여부를 확인한다.

[문제 18]

답 : 1. 평년수확량＝표준수확량 1,000kg, ㎡당 표준수확량＝0.5kg

2. 조사대상면적＝2,000-500-100-100＝1,300㎡

3. 기준수입＝1,000×6,000＝6,000,000원

4. ㎡당 피해수확량 ＝$\dfrac{(20 \times 0.5 + 10 \times 1.0) \times 0.16 \times 1.03 \times 1.09}{15} = 0.24kg$

5. 피해수확량＝(1,300×0.24)+(500×0.5)＝562kg

6. 손해액＝(6,000-5,200)×(1,000-562)+(6,000×562)＝3,722,400원

7. 실제수입＝6,000,000-3,722,400＝2,277,600원

8. 피해율＝$\dfrac{6,000,000 - 2,277,600}{6,000,000} = 62.04\%$

9. 보험금＝6,000,000×(0.6204-0.2)＝2,522,400원

해 : 수입안정보장 옥수수

1. 실제수입＝기준수입-손해액

2. 손해액

　· 기준가격 ≥ 수확기가격 : 손해액＝(기준가격-수확기가격)×(평년수확량-피해수확량)+(기준가격×피해수확량)

　· 기준가격 < 수확기가격 : 손해액＝기준가격×피해수확량

[문제 19]

답 : 1. A 농가

① 보험가액 = (300 × 100,000) × 0.7 = 21,000,000원

② 이유 : (내용연수가 경과했음에도) 지속적 개·보수로 보험목적물의 가치 증대가 인정된 경우, 보온덮개·쇠파이프조인 축사구조물의 경우에는 최대 50%까지, 그 외 기타 구조물의 경우에는 최대 70%까지로 수정하여 보험가액을 평가할 수 있다.

2. B 농가

(1) 보험가액

① 경년감가율 = $\dfrac{1 - 0.2}{45}$ = 1.78%

② 감가상각률 = 30 × 0.0178 = 53.4%

③ 보험가액 = (300 × 150,000) × (1 - 0.534) = 20,970,000원

(2) 이유 : 보험가액은 그 손해가 생긴 때와 장소에서의 보험가액에 따라 계산한다.

시가평가 = 재조달가액 × (1 - 감가상각률)

3. C 농가

(1) 보험가액

① 경년감가율 = $\dfrac{1 - 0.2}{8}$ = 10%

② 감가상각률 = 8 × 0.1 = 80%, 잔가율 = 20%

③ 보험가액 = (300 × 50,000) × 0.3 = 4,500,000원

(2) 이유 : 보험목적물이 손해를 입은 장소에서 6개월 이내 실제로 수리 또는 복구되지 않은 때에는 잔가율이 30% 이하인 경우에는 최대 30%로 수정하여 평가한다.

해 : 과거 축사부문의 보험목적물의 감가가 서술형으로 출제된 바 있다.

[문제 20]

답 : 1. 착과감소보험금

① 착과감소량 : (24,000 - 22,000) × 0.35 = 700kg

② 미보상감수량 : {(2,000 × 0.1) + (5 × 120)} × 0.35 = 280kg

　· 주당 평년착과수 = 24,000 ÷ 200 = 120개

③ 기준수확량 : (22,000 + 2,000) × 0.35 = 8,400kg

④ 자기부담감수량 : 8,400 × 0.15 = 1,260kg

⑤ 착과감소보험금 = (700 - 280 - 1,260) × 7,000 × 0.5 = 0원